自分で"勝ち馬"を探せるようになる

究極の競馬ガイドブック

JRAビギナーズセミナー講師
長谷川雄啓 著

日本文芸社

はじめに

「競馬をやってみたいって人、こんなにいるんだ…。」
『ＲＥＸＳ（レーシングエキスパートセミナー）』という教室や、競馬場で行っている『ビギナーズセミナー』を始め、競馬初心者向け講座の講師を、長年務めてきて、感じたことです。
まさに老若男女。競馬業界の施策やテレビコマーシャルの効果もあってか、最近、特に強く思うようになりました。

でも、既存の教本を開くと、そこには専門用語がズラリ。まるで家電の取り扱い説明書みたいに、懇切丁寧。もれがあってはいけないからと、あれもこれも、初心者には不要なものにまで、すべてに解説がついている。

それ、読みたいですか？

競馬は扉を開けてあげるだけで、あとは自然と順を追って覚えていくもの。ただし、最初の一歩が、「つまらない」、「わからない」だと、扉はパタンと閉まってしまいます。ましてや「当たらない」が加わると、財布の中から、無駄にお金が出ていくだけですもんね（笑）。
でも、「意外と初めてでも、予想って出来るんだ」と思ってもらえれば、仮に馬券が当たらなかったとしても、ゲームとしての競馬は面白いものになります。

馬券は宝くじと違って、“当たりは必ずこの中にある”。

あなたの家の最寄り駅の改札口前に、小さな宝くじ売り場があって、いかにも福のありそうなおばちゃんと目が合った。

「あれ？　これは神様が宝くじを買えって言ってるんじゃない？」。

財布を見れば、中に1000円札が3枚。

「あのぉ、ジャンボを連番で10枚…」。

すると、おばちゃんが、ニコニコ笑顔で後ろの棚を指し、「1から10のどれがいいですか？」。あなたは考えます。

「う～ん、ラッキーセブンの7かなぁ。待てよ、末広がりの8かも…」。

でもね、1等の数億円は、全国で数本。ゼロとは言いませんよ。でも、その売り場の中に1等がある可能性は、かなり低いと思ったほうがいい。つまり、ハズレくじの中から、一生懸命、迷って選んでる可能性が高いんですョ。

じゃあ競馬はどうかと言えば、出走してきた馬の中に、必ず1着、2着、3着がいるのです。

“当たりは、必ずこの中にある”。これが、宝くじとの大きな違いなんですね。あ、そう言いながら、ボクも毎年、様々な宝くじ、買ってるんですけど(笑)。

必ず当たりがあるから、誕生日で馬券を買っても、ラッキーナンバーで買っても、名前がカワイイで買っても、当たる時は当たる。でも、毎回は当たらない。そうなると、だんだんつまらなくなっちゃう。大切なお金を賭けるのですから、きちんとした論拠を持って、馬券を買いたいですよね。

そうすれば、当たればもちろんですが、ハズしても、「何が違ったんだろう」と考える。それが、ステップアップにつながっていくのです。

その予想に必要不可欠なのが「競馬新聞」。

その競馬新聞の読み解き方を、まずは“もれいっぱい”に説明していきます(笑)。

「ここさえわかれば、予想が立てられる」

第1章では、それを解説したいと思います。

もちろん、それだけではこの本を買っていただいた価値がありませんから、その後の章では、一歩踏み込んだ予想法も伝授。馬と人との、興味深いお話も出来ればいいなと思ってます。

「いやぁ、競馬って面白いんですね！」

ボクの競馬初心者講座を受けた人の多くが、そう言って、教室をあとにしてくれます。

この本を手に取って下さったあなたが、ワクワクしながら、週末の競馬場に向かう姿を楽しみに！

この本の中には、何ヶ所かQRコードが出てきます。スマホを片手に動画やHPを見ながら読み進めてみてください。ちなみに最初のQRコードはボクからのメッセージです。

２０２０年4月　長谷川雄啓

自分で"勝ち馬"を探せるようになる
究極の競馬ガイドブック

CONTENTS

第2章 競馬新聞をもっと読む

第3章 長谷川流パドックの見方

CONTENTS

第4章 調教・血統 矯正馬具とは？

第5章 長谷川流予想で 馬券的中！

CONTENTS

第6章 まだある競馬の楽しみ方

COLUMN

これであなたも競馬通

C O L U M N

究極の競馬ガイドブック

競馬基礎講座

第1章

競馬の基本
予想の入口

知識をたくわえたら

ステップアップのための様々な競馬知識

ホップ
第2章
競馬新聞
を
もっと読む

ステップ
第3章
長谷川流
パドックの
見方

ジャンプ
第4章
調教・血統
矯正馬具
とは?

一度読み終えて再び読み返したいと
思った時のための本書のフローチャート

読み方フローチャート

いざ実戦へ！

第5章

長谷川流予想で馬券的中！

赤ペンと競馬新聞を持って

P.184～P.195
繰り返し読んで身につけましょう

P.196～P.230
過去のレース予想を見てみよう

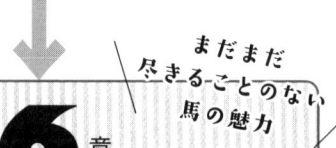

まだまだ尽きることのない馬の魅力

第6章

まだある競馬の楽しみ方

第1章

競馬の基本 予想の入口

ここでは、「競馬とは何か」「馬券の種類」「競馬新聞を読み解く3つのポイント」「マークカードの塗り方」などについて、お話をしていきます。
競馬初心者のあなたでも、自分で予想が立てられるようになるための“基礎講座”です。
楽しみながら、読み進めて下さい!

競馬とは？
馬券とは？

競馬を馬券で説明すると、“3着までに入る馬を当てましょう”というゲーム。3着までに来ることを、**“馬券に絡む”**とか**“馬券圏内に来る”**と言います。

頑張った馬に対し、こんな表現も申し訳ないのですが(笑)、勝った馬を“主犯”、2着、3着に来た馬を“共犯者”だとしましょう。彼らは、犯人だから隠れたがる。でも犯人は、必ず出走している馬の中にいます。競馬新聞に書かれた、意味のわからない数字や記号は、犯人を探し出すための証拠であり、アリバイなんですね。

上手く隠れているから、隅々まで突っついてやると、「へへぇ、バレちゃいましたか…」と名乗り出てくる。見事、犯人を見つけると、「よく、こんな難解な犯人探しを解き明かしましたね」と、“WANTED”よろしく、JRAから報奨金が出る。そんな推理ゲームが、1日、1つの競馬場で12個組まれている。そう考えると、競馬って、イメージしやすくなりませんか？

だから、競馬新聞は絶対に必要なんです。キチンと証拠とアリバイを精査して、自分なりの確証を持って挑む。そのための大切な捜査資料が、競馬新聞なのですから。

馬券は、みんなが賭けたお金を当たった人で分配します。

人気の馬が来れば、配当は低い。逆に、人気の馬が来なかったり、人気薄の馬が来れば、配当は高くなる。

「みんな、この馬が強いと思ってるみたいだけど、本当に強いのだろうか…」。そう疑問に感じたなら、他の馬に目を向けてみる。

「誰も来るとは思っていないようだけど、可能性はあるんじゃないか？」。そう思った馬がいたなら、思い切って穴に狙ってみて下さい。

これであなたも
競馬通

『穴とは？』

出走馬の中で馬券を買われている割合の低い、人気薄の馬のことを“穴馬”と言い、その穴馬が馬券に絡むことを「穴を開ける」と言います。

“穴党”とは、常に高配当を狙って、穴馬を入れた馬券を買う人のこと。

逆に“本命党”とは、配当は低くても、人気の馬を中心に馬券を組み立てる人のことを言います。

１番人気が勝つ可能性は、大体33%と言われます。「３回に１回勝つ」と思うか、「３回に２回は負ける」と思うか。実は、どちらも“真”。表から見るか、裏から見るかで、捉え方は変わります。その見方は、あなた次第なのですから。

ちなみに競馬新聞とは、馬券の予想に必要な情報のあれこれが掲載された競馬の予想紙で、“競馬専門紙”とも呼ばれます。

競馬専門紙以外にも、一般のスポーツ紙や、タブロイド版の夕刊紙にも競馬面はありますが、“専門紙”というぐらいですから、価格も500円と、スポーツ紙や夕刊紙の３倍以上。データもその分、豊富です。

今では、スポーツ紙、夕刊紙の競馬面もかなり充実していますが、全12レースのうち、下級クラスの馬が走る前半のレースの情報量に差があるように感じます。

各競馬新聞に所属して取材をする人を“トラックマン”と言い、調教をチェックする調教班、厩舎(きゅうしゃ)関係者のコメントを取りに行く想定班などに分かれ、それぞれの役割を分担。予想が当たれば読者からの支持も増え、人気のトラックマンとして、テレビやラジオの競馬番組にも出演するようになります。

競馬新聞を選ぶ側も、見やすさはもちろんですが、お気に入りのトラックマンや競馬評論家の予想が見たくて、どの競馬新聞にするかを決めることもあるようです。

競馬新聞は、早いところだと、競馬開催日前日のお昼ぐらいには、ＫＩＯＳＫなどの駅の売店に、また夕刊紙と一緒に、前日の夕方には、コンビニエンスストアの店頭に並ぶよう。もちろん、地域によって差はあります。

最近は“ペーパーレスの時代”と言われますが、それでもあれやこれやと書き込むことが多い競馬予想。『競馬新聞＋赤ペン』のセットは、黄金コンビ！必需品と言えそうです。

では、次のページで実際の競馬新聞を見てみましょう。

これであなたも競馬通

『ＪＲＡ』

ＪＲＡは、日本中央競馬会（にっぽんちゅうおうけいばかい）＝Ｊａｐａｎ Ｒａｃｉｎｇ Ａｓｓｏｃｉａｔｉｏｎの略称。農林水産大臣の監督下にあり、政府が資本金の全額を出資する特殊法人です。

それまで行われていた国営競馬を引き継ぐ形で、1954年9月に日本中央競馬会が設立されます。初代理事長は安田伊左衛門氏。

定款の第1章の第1条に、「本会は競馬法（昭和23年法律第158号）に基づいて中央競馬を行い、もって競馬の健全な発展を図って馬の改良増殖その他畜産の振興に寄与することを目的とする。」とありますが、平たく言えば、“国の管理下で、国民のレジャーとしての中央競馬を主催、運営する団体”ということになります。

2019年10月27日天皇賞・秋当日の競馬専門紙「日刊競馬」1面

東京／日曜

Lucky Horse

日刊競馬

京都「カツオペア5」 新潟「ルミエールオータムD」

Almond Eye

天皇賞(秋)

4回 東京9日

10月27日

本紙の見解 最強を証明アーモンド

東京 11R 発走 15:40

第160回 天皇賞(秋)(GI)

芝2000

カデナ
アーモンドアイ
ケイアイノーテック
スワーヴリチャード
アエロリット
ユーキャンスマイル
スティッフェリオ
マカヒキ
ダノンプレミアム
サートゥルナーリア
ゴーフォザサミット
ドレッドノータス
ランフォザローゼス
ワグネリアン
ウインブライト
アルアイン

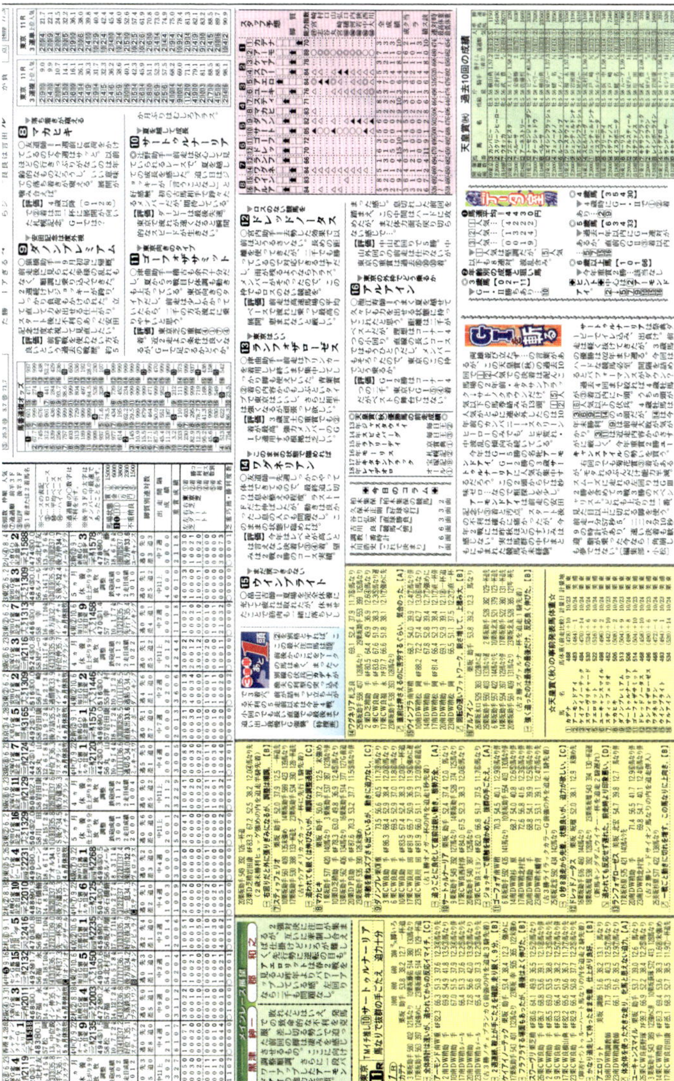

競馬記者が予想した出走馬の力関係

では、まず新聞に書かれている予想の印から説明していきましょう。

◎ にじゅうまる	ほんめい 本命	一番強いだろうと思う馬に打つ印。 バレンタインデーの時に"本命チョコ"なんて言い方で使いますよね。
○ まる	たいこう 対抗	◎の最大のライバル。 本命に"対抗"し得る存在。
▲ くろさんかく	たんあな 単穴	後述しますが、勝ち馬を当てる馬券を単勝馬券と言います。その"単の穴"。○を負かすどころか、◎をも負かしちゃうかもよ、という３番手。

この◎、○、▲の３つの印は、"勝つ可能性がある"という意味が含まれた、重たい印。予想をする人も、１人１頭ずつしか打てません。

「今日はメチャメチャ強い馬が２頭いるから、◎は２頭だ」とは出来ないということ。序列を付けて、◎、○、▲は１人１頭ずつとなります。

△ しろさんかく	れんあな　ふくあな 連穴、複穴	２着や３着に来る可能性のある馬に打つ印。たくさんの出走馬がいれば、２、３着に来そうな馬は何頭かいるでしょうから、△は複数頭打っていいことになっています。

その他、△、☆、×、注などは、競馬新聞によって意味合いが違ったりもしますが、▲と△の間、あるいは△の下に来る印。×は"いらない"という意味ではありません。何かしら印が付いていたら、馬券に絡む可能性があるということだと、覚えておいて下さい。

だから、競馬新聞を開いた時、予想の欄の上から下まで、ズラリと◎、○、▲が並んでいたら、「世の中は、この馬が勝つと思っているんだな」と。逆に印が無かったり、△が1つ、2つなら、「みんな、この馬は来ないと思ってるのか」と思って下さい。

つまり、競馬新聞の予想欄は人気のバロメーター。世間の評価を表す、ひとつの基準として見ることが出来ます。

そこで、本命党は重たい印のたくさん付いている馬を狙う。逆に、穴党は逆らって、本命馬の死角を探し、人気薄の可能性を探る。どちらにするかは、あなたが自身が決めることなのです。

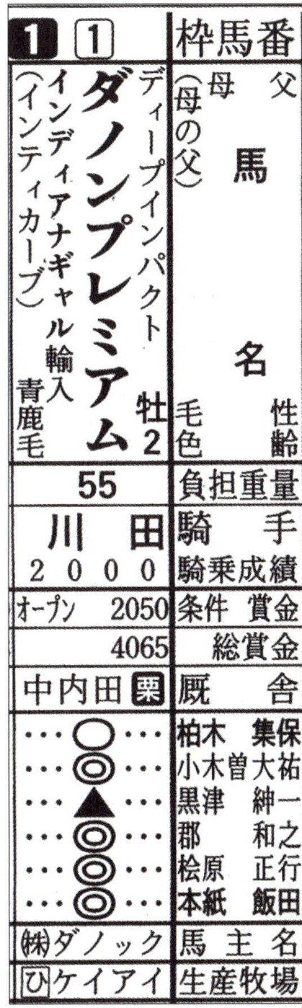

1 1
枠馬番
ディープインパクト
ダノンプレミアム
インディアナギャル輸入
(インティカーブ)
青鹿毛
牡2
父
母
(母の父)
馬
名
毛色
性齢
55
負担重量
川田
2000
騎手
騎乗成績
オープン 2050
条件 賞金
4065
総賞金
中内田 栗
厩舎
…○…
…◎…
…▲…
…◎…
…◎…
…◎…
柏木 集保
小木曽大祐
黒津 紳一
郡 和之
桧原 正行
本紙 飯田
㈱ダノックス
馬主名
ひケイアイ
生産牧場

馬券の種類

ＪＲＡでは、どんな馬券が売られているのでしょう。その馬券の種類について、説明していきます。

本来でしたら、“出馬表”といって、馬の名前や、成績、実績などが書かれたものがあるのですが、ここではわかりやすく、イラストで馬が18頭。現在、18頭は最も多い出走頭数になります。

8
7
6
5
18
17
16
15
14
13
12
11
10
9

出走する18頭のそれぞれに、1から18までの、固有の番号、“馬番号（馬番）”が与えられます。

さらに、9頭以上出走してきた時は、必ず8つの“枠”に分けます。なぜ分けるのかというと、枠で馬券を買う、“枠連”というのがあるから。これは、後ほど説明します。

でも、18頭を8つの枠に分けると言っても、18は8では割り切れない。じゃ、どうするかと言うと、外からたくさん入れていくんですね。

８枠に３頭、７枠に３頭、６枠から１枠までを２頭ずつにして、18頭が８つの枠に入ります。

で、それぞれの枠が色分けされていますよね。これは“帽色”といって、「この枠の馬に乗る時、騎手は必ずこの色の帽子を被る」というのが決まっています。競馬をやっていくうちに、自然と覚えていくものですが、なるべく意識して覚えるようにして下さい。

4		3		2		1		枠番号
8	7	6	5	4	3	2	1	馬番号

ここでは、１着が黄色の帽子“５枠９番”、２着が青の帽子“４枠８番”、３着が白の帽子“１枠１番”の着順で、説明していきます。

まずは **１頭**を当てる馬券から。

単勝【たん・しょう】

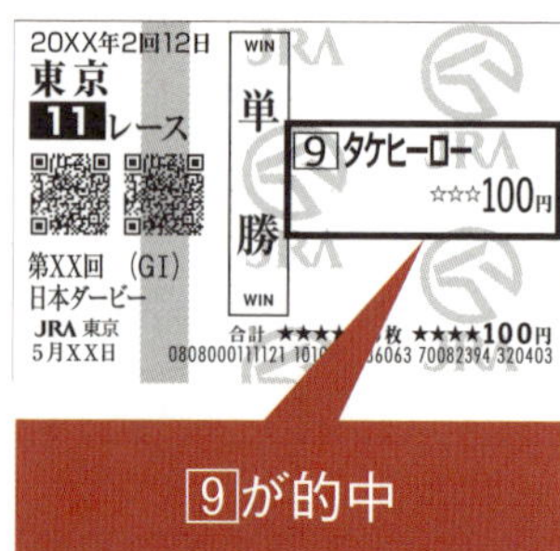

「勝ち馬を当てる」馬券。この場合、９が的中となります。

18頭のうち、１頭だけが当たりですから、単純に確率論で言うと、１／18で当たります。

複勝【ふく・しょう】

「選んだその馬が、3着までに入れば当たり」という馬券。この場合、9も、8も、1も当たりです。

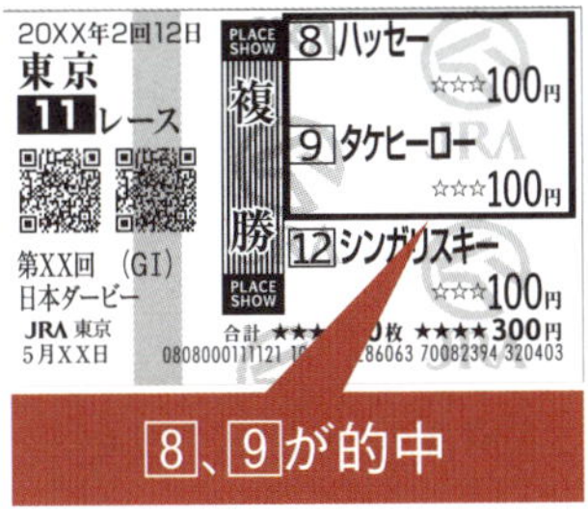

当たりが3つあるということは、確率論で言えば、18分の3で当たります。単勝より3倍当てやすい。でも、世の中は上手く出来ていて、**3倍当てやすいと、配当は約1／3**になっちゃう。

例えば、「単勝9番、450円」なんてアナウンスがあると、「複勝9番、150円」ぐらいになってしまいます。つまり、単勝を100円買って当たれば450円の払い戻しですが、複勝だと払戻しが150円しかないということです。

単勝が10倍を超えると、まずまずの穴馬ですが、複勝はその**1／3**。推して知るべしです。

なお、7頭立て以下の時、複勝は2着までが的中となります。

ちなみに単＋複というのは、単勝と複勝を同じ金額いっぺんに買える馬券。右肩に『がんばれ！』の文字が入ることから、**“がんばれ馬券”**とも呼ばれます。

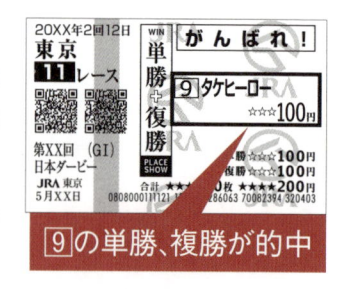

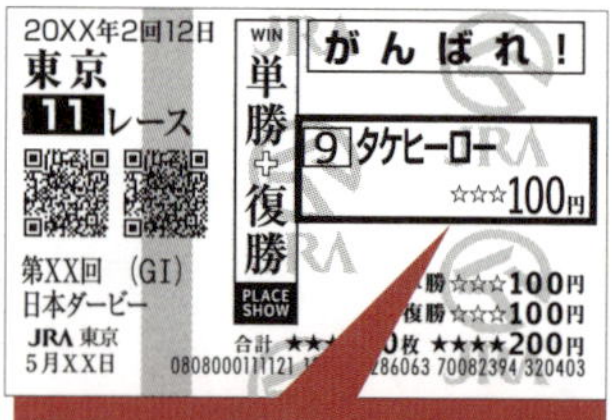

9の単勝、複勝が的中

100円買うと、単複100円ずつ、200円。塗った金額の倍になります。ご注意を。

次に、**2頭**または**2つ**を選ぶ馬券です。

馬連【うま・れん】

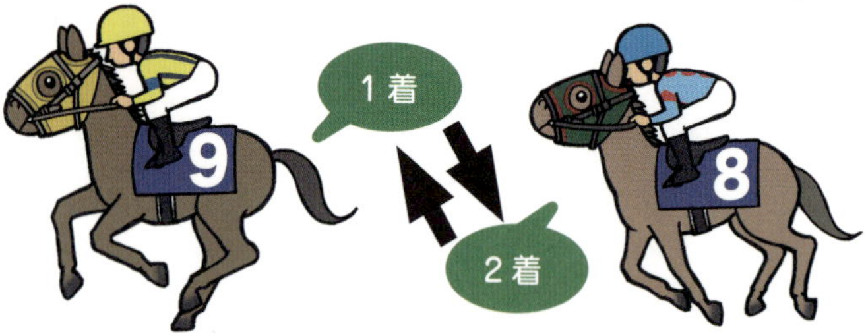

「1着と2着の組み合わせを当てる」という馬券。 組み合わせですから、着順はどちらでも構いません。

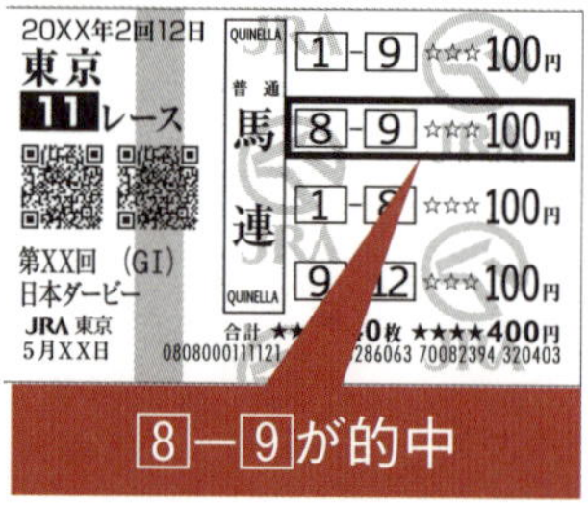

8−9が的中

この場合、当たりの目は8−9となり、もし8番が1着で、9番が2着でも、馬連の8−9は的中です。

馬単【うま・たん】

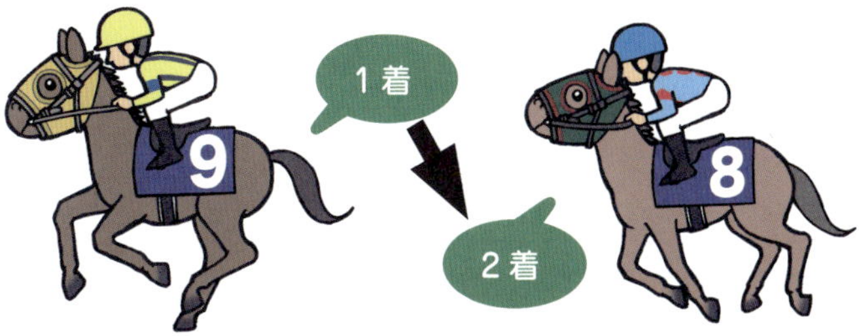

「1着と2着を着順通りに当てる」馬券。着順通りにズバリですから、9→8は当たりですが、8→9はハズレとなってしまいます。

従いまして、馬単は馬連の**約2倍の払い戻し**が期待出来ます。

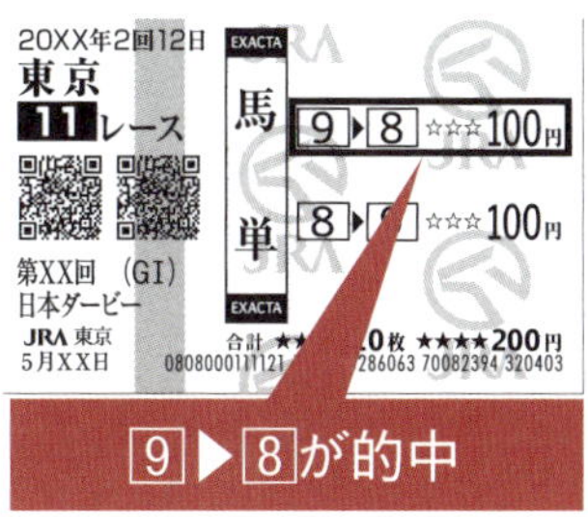

ワイド【わいど】

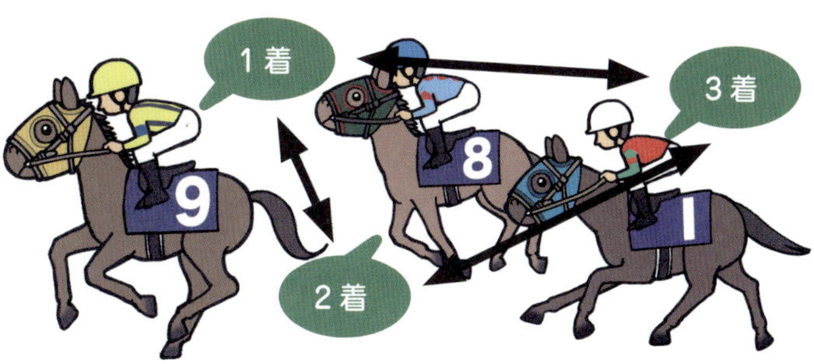

「選んだ2頭が、2頭とも3着以内に入れば当たり」という馬券。

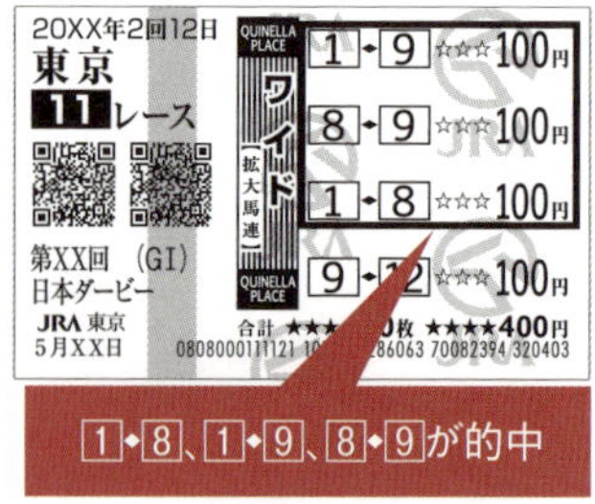

つまり、1着2着の8－9は、もちろん当たり。1着3着の1－9も当たり。勝ち馬をハズした、2着3着の1－8も当たりとなります。

当たりが3つあるということは、単勝と複勝の関係性同様、ワイドは何かの1／3になる。何の1／3になるかと言うと、ワイドの払い戻し金額は、**馬連の約1／3**になると思って下さい。

枠連【わく・れん】

「8つに分けた枠で、1、2着の組み合わせを当てる」馬券。

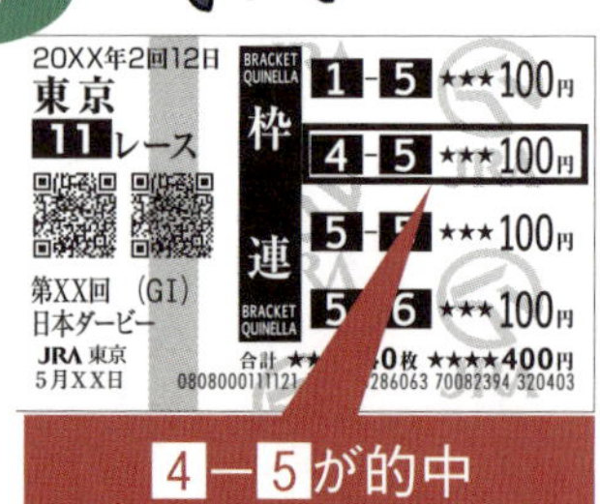

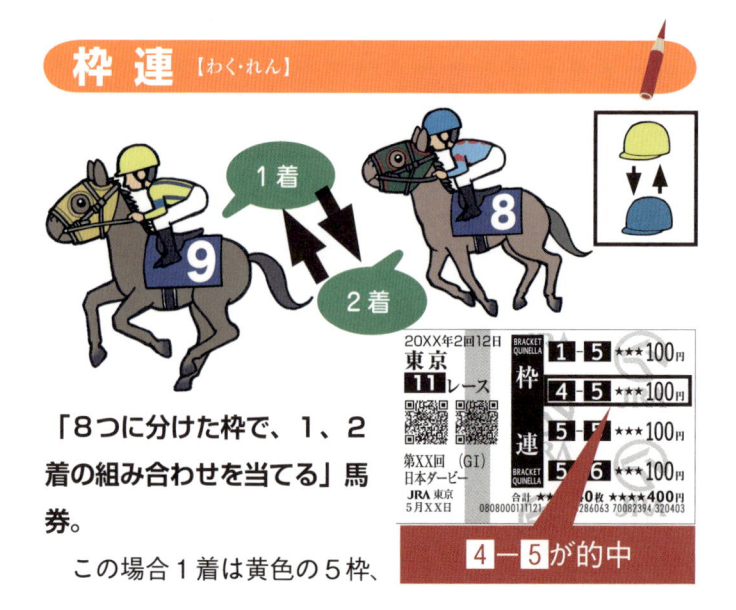

この場合1着は黄色の5枠、

２着は青の４枠ですから、当たりの目は4-５となります。

でも、５枠にもう１頭、10番の馬がいますよね。10番を狙って５枠を買ったのに、10番は早々に下がっていっちゃった。「もうダメか…」と諦めかけていたら、９番がスルスルっと伸びてきて、１着に。それでも、同じ黄色の帽子ですから、4-５は的中となる。つまり、代用品がいるということ。あなたが狙っていなかったほうの馬であっても、同じ枠なら当たりとなるんですね。

ですから枠連はチーム戦だと思って下さい。白チームからピンクチームまで８つあるチームのなかで、黄チームと青チームが１着と２着なら当たり。代用品がいる分、配当は馬連より小さくなるのが通常です。

また、同じ枠の馬同士で１、２着の場合は、“ゾロ目（揃い目）”となります。もし、９番が１着、10番が２着なら、5-５が当たりです。

いよいよ、**３頭**の馬を当てる馬券です。

3連複【さん・れん・ぷく】

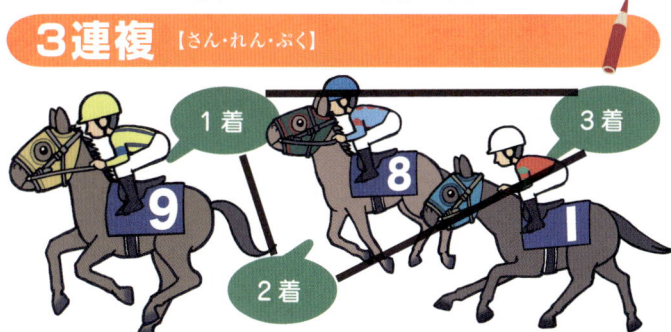

「1、2、3着の組み合わせを当てる」という馬券。

組み合わせですから、着順は関係なく、「上位３頭は、この馬とこの馬とこの馬」という馬券です。

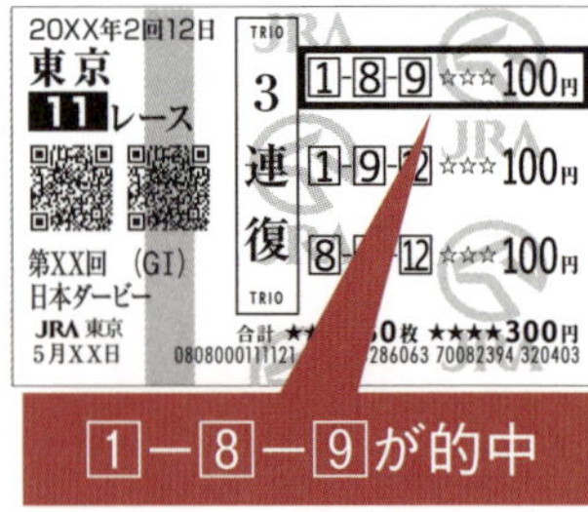

この場合、馬番の小さいほうの数字から、１－８－９が的中です。

3連単【さん・れん・たん】

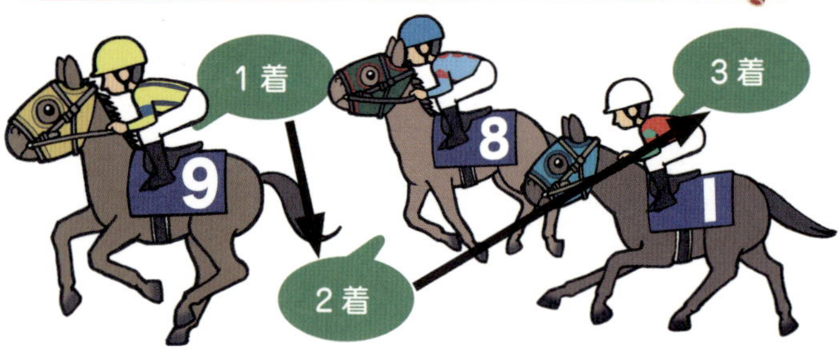

「1、2、3着を、着順通り、ズバリ当てる」という馬券。

当たりは９→８→１となります。

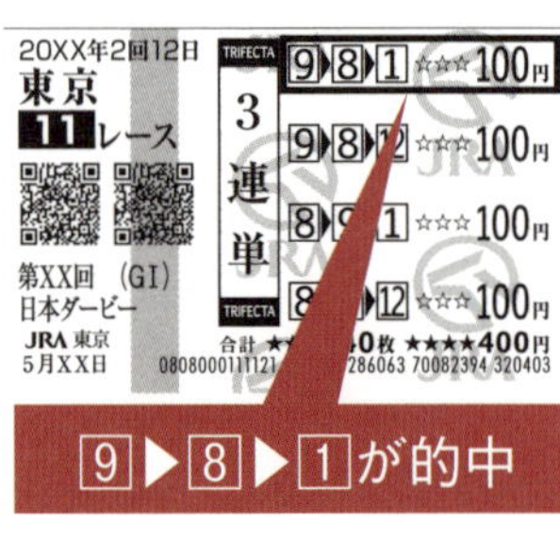

じゃ、「この３頭の組み合わせって、何通りあるの？」というと、

1→8→9、1→9→8、8→1→9、8→9→1、9→1→8、9→8→1と、全部で6通りあります。

この中のひとつだけが的中。従いまして、3連単は、3連複の**約6倍の払い戻し**が期待出来ます。破壊力は抜群です。

ここまで読んで、気付いた方もいらっしゃるかと思いますが、馬券に**“単”**と付いていたら、**“着順にこだわる”**と覚えておいて下さい。

単勝は勝ち馬のみ。馬単は1、2着を着順通り。3連単は1～3着を着順通りに当てる馬券。

馬券に“単”とついていなければ、順不同です。

予想が出来たら、どの馬券で買うか。複勝は最も当てやすいけど、配当は低い。3連単は払い戻しは大きいけれど、当てるのはムズカしい。

そこで、あなたのセンスが試されると言っても過言ではありません。

あまり欲をかかないように(笑)。ビギナーにお勧めの馬券は、次の項でお話したいと思います。

ビギナーに
お勧めの馬券

数多ある馬券の種類から、一体何を選んだらいいのか？

競馬初心者講座で、ボクは、まず**ワイド**を勧めるようにしています。

今の時代、馬券の主流は馬連でしょう。ただし、上位２頭を選ぶのは至難のワザ。でも、ワイドというのは、１頭間違えていい馬券なんですね。

どういうことかと言うと、例えば競馬場で、隣りのオジサンが、どうやら１－９の馬連を持っているよう。

９番の馬が先頭で、次に１番の馬が走っています。

「よし、そのまま！そのまま！」。

大きな声で叫んでます（笑）。

ところが、最後の最後に８番が追い込んで来て、１番を交わして、２着でゴールイン。

「なんだよ～、１番と９番でいいのにねぇ」と、悔しそうな顔で話し掛けられ、「ですよねぇ」と言いながら、ボクは１－９をワイドで持っていれば、１着３着で当たりなんです。

「おいおい、９番が勝つなんて、誰も思わないよ。ねぇ、お兄さん」と言われた時も、１－８をワイドで持っていれば、２着３着で当たりなんですね。

そう、１頭間違えてもいいんです。

ワイドは、馬連の約３分の１の払い戻しになると言いました。それでも、馬連の配当は、単勝と違って、数千円の払い戻しが、ちっとも珍しくありませんから、その３分の１でも、結構な金額になる。１頭間違えてよくて、そこそこの配当なので、ビギナーにはよく勧めるし、自分でもよく買ってます。

競馬場のモニターで、配当を確かめてみて下さい。もちろん、激安の時もありますが、「へぇ～、こんなにつくんだ」というのが、きっとわかると思います。

１着３着や、２着３着に救われた、なんて経験も、早々に出来るはず。ワイドはお勧めです。

これであなたも
競馬通

『日本ダービー』

正式名称は「東京優駿(ゆうしゅん)」。５月末、または６月あたまに行われる、３歳馬によるＧⅠ(じーわん)競走で、芝2400ｍで争われます。

イギリスの「ダービーステークス」に範をとり、1932年に、第１回「東京優駿大競走」が行われ、1950年には「日本ダービー」の副称が付けられ、今日に至ります。

皐月賞、菊花賞と共に、３歳馬の“三冠競走”のひとつですが、日本ダービーに関してだけは、勝てば、騎手は“ダービージョッキー”、馬主は“ダービーオーナー”、調教師は“ダービートレーナー”と称される特別なレース。

「すべてのホースマンの夢」とまで言われる“競馬の祭典”。それが日本ダービーなのです。

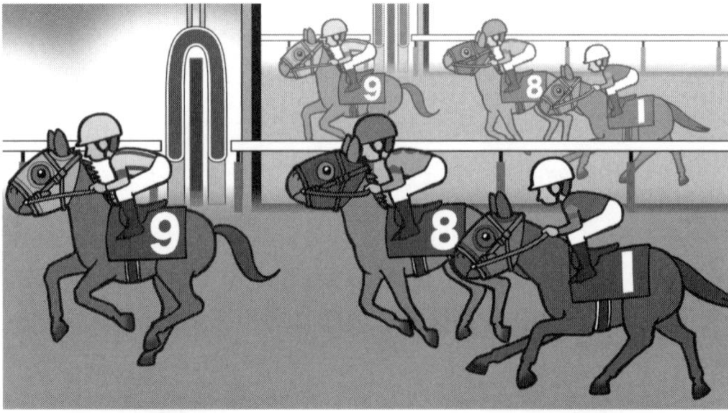

9
8
1

ハズレ
20XX年2回12日
東京
11 レース
QUINELLA
普通
馬連
1 - 9 ☆☆☆100円
第XX回 (GI)
日本ダービー
JRA 東京
5月XX日
合計 ★★★★10枚 ★★★★100円
0808000111121 1010010286063 70082394 320403

当たり
20XX年2回12日
東京
11 レース
QUINELLA PLACE
ワイド
拡大馬連
1 ◆ 8 ☆☆☆100円
第XX回 (GI)
日本ダービー
JRA 東京
5月XX日
合計 ★★★★10枚 ★★★★100円
0808000111121 1010010286063 70082394 320403

当たり
20XX年2回12日
東京
11 レース
QUINELLA PLACE
ワイド
拡大馬連
1 ◆ 9 ☆☆☆100円
第XX回 (GI)
日本ダービー
JRA 東京
5月XX日
合計 ★★★★10枚 ★★★★100円
0808000111121 1010010286063 70082394 320403

当たり
20XX年2回12日
東京
11 レース
QUINELLA PLACE
ワイド
拡大馬連
8 ◆ 9 ☆☆☆100円
第XX回 (GI)
日本ダービー
JRA 東京
5月XX日
合計 ★★★★10枚 ★★★★100円
0808000111121 1010010286063 70082394 320403

もうひとつ、ビギナーには、**枠連**もお勧め。

間違えていいという意味では、同枠の代用品もそうですが、こちらは観戦用にお勧め。

競走馬は体が大きいので、重なり合っちゃうと、ゼッケンが見えない。すると、「自分の買ってる馬は、一体どこを走ってるの？」なんてことになっちゃう。

でも、枠連で買っていれば、帽子の色だけ見てればいい。

「黄色と青！　黄色と青！　白はいらないっ」みたいな(笑)。
競馬初心者も、ゴール前で興奮出来ること、請け合いです！

これであなたも競馬通

『有馬記念』（ありまきねん）

毎年12月に、中山競馬場で開催されるＧⅠ競走。

芝2500ｍのレース。

第１回は1956年。当時の日本中央競馬会の理事長だった有馬頼寧氏が、「暮れの中山にも大レースを」と提案し、ファン投票で出走馬を選出する「中山グランプリ」を開催。

その斬新なアイデアが功を奏し、レースは大いに盛り上がったのですが、年が明けてすぐに有馬氏が急逝。

1957年の第２回からは、その功績を称え、「有馬記念」の名称で行われるようになりました。

今では暮れの風物詩として、日本中で愛されるレースに。ふだん競馬をやらない人でも、有馬記念だけは馬券を買うという人も多いようです。

競馬新聞には何が書いてある？

それでは競馬新聞を見てみましょう。まず、馬の名前やら、何やらが、ダーッと並んでいるのが、**出馬表**です。

この出馬表の右側に、レースのプロフィールや、「この欄には、こんなことが書いてある」という、目次のようなものがあります。

どこの競馬場の、何レースで、何時何分の発走予定か。

レースに名前が付いていれば、重賞（じゅうしょう）か、特別戦。

重賞は、GⅠ、GⅡ、GⅢとあって、賞金と格の高いレース。

特別戦は、同じクラスのレースでも、名前の付いていないレース（平場（ひらば）のレース）よりも、少し賞金が高くなります。なので、同じクラスでも、強い馬、自信のある馬が出てくることが多いよう。

芝、もしくはダート（砂の上を走るレース）？　距離は何メートル？

それらのことが、レースのプロフィールに

出ているんですね。具体的にサンプルで見ていきましょう。

2019年10月27日(日)に行われた、「天皇賞・秋」（ＧⅠ）というレースの出馬表です。

❶東京11Ｒ
❷発走予定時刻15時40分
❸第160回天皇賞・秋（ＧⅠ）
❹3歳以上・オープン
❺芝2000ｍ戦

これであなたも
競馬通

『芝とダート』

ＪＲＡのすべての競馬場には、芝生の上を走る芝コースと、砂の上を走るダートコースがあります。

芝コースに用いられる芝のタイプは３つ。野芝、洋芝、また野芝の上に洋芝の種を蒔く“オーバーシード”です。

全国に10ある競馬場の、気候や季節に、最も適したものを使うことで、常に青々とした芝をキープすると共に、馬の脚にも優しいレースコースを作っています。

ダートは英語に直すと“Ｄｉｒｔ”、つまり“泥”ですが、これはお手本にしたアメリカの競馬場に倣(なら)った言い方。

雨の多い日本の競馬場に、水捌けの悪い泥は合わないので、日本のダートは“Ｓａｎｄ”、つまり“砂”を使っています。

ちなみに、ダートの砂は、ＪＲＡのすべての競馬場で、青森県六ヶ所村の海砂を使用しています。

そして、馬の名前のある、縦１列を“**馬柱**（うまばしら）”といいます。
何が書いてあるかと言うと、

❶○枠○番
❷馬名
❸性別・年齢
❹馬名の右がお父さんの名前、左がお母さんの名前、カッコの中はお母さん方の祖父の名前
❺○キロを背負って、○○という騎手が乗る

性別には、**牡馬**（ぼば）（オス）、**牝馬**（ひんば）（メス）の他に、去勢を施した**セン馬**というのがいます。
また、ジョッキーの名前の脇に“替”の文字があった場合は、「前走で乗った騎手と替わりました」という意味です。

このレースで優勝した、アーモンドアイで、具体的に説明していきましょう。

❶１枠２番
❷アーモンドアイ
❸牝馬の４歳
❹父ロードカナロア、母フサイチパンドラ、母の父サンデーサイレンス
❺56キロ、ルメール騎手

となります。

2019年10月27日東京11レース天皇賞・秋

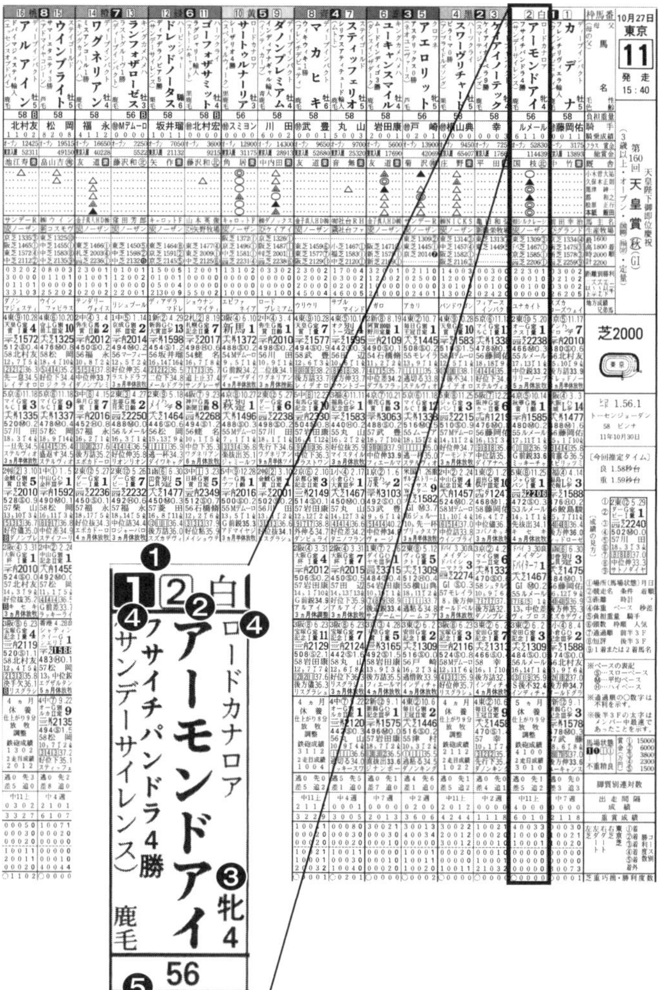

クラスについて説明しましょう。

（3歳以上・オープン・(国際)(指定)・定量）

“3歳以上・オープン”。

この部分が、クラスを表します。ＪＲＡでは、基本的に勝たないとクラスは上がらないと思って下さい。例外もありますが、それは後ほど。

まず、競走馬は、基本的に**新馬戦**というレースでデビューします。早い馬は、２歳の６月にはデビューを迎えます。この時期を人間の成長に直すと、小学３年生から４年生ぐらい。「ボクたち、今から何やんの～。」ぐらいの感じでしょうか(笑)。

勝てば、**１勝クラス**に上がるのですが、勝つのは１頭だけ。ほとんどの馬が、負けてしまいます。

負けた馬は、**未勝利戦**というレースに。そこで勝てば、１勝クラスに上がりますが、負けたらまた未勝利戦を戦う。で、負けたらまた未勝利戦、また未勝利戦…を繰り返し、翌年の８月で未勝利戦が終わってしまうまでに、何とか１つ勝てるようにと、頑張るんですね。

それでも大半の馬が、勝ち上がれない。

そうなったらどうするのかと言えば、地方競馬に転出するか、乗馬になるなどして、第2の“馬生”を過ごすことになります。

無事勝ち上がった馬も、１勝クラスを勝てば、**２勝クラス**。

2019年10月27日東京11レース天皇賞・秋　1枠2番アーモンドアイ馬柱

2 白

ロードカナロア

アーモンドアイ

フサイチパンドラ4勝

(サンデーサイレンス)

鹿毛　牝4

56

ルメール

6 1 1 0

オープン 52830

114439

国枝㊗

…○…
…▲…
…◎…
…▲…
…◎…
…◎…

㈲シルクレーシ

安 ノーザン

東芝1309③
ドバ芝1467①
京芝1585①
二四芝2206①

2 2 3 0 1
0 0 0 1 0
0 0 1 0 0
0 0 0 0 0

ユナカイト

2東⑩5.20
オークス G I 定量 1
二四芝2238
466Ⓜ0.3
55ルメール
17ト13番1人気
中位鋭33.2
リリーノーブ
5ヵ月休放牧

4京⑤10.14
秋華賞 G I 馬齢 1
二〇内1585
480Ⓜ0.2
55ルメール
17ト11番1人気
⑪⑪⑫36.9
G前鋭33.6
ミッキーチャ

5東⑧11.25
ジャパン G I 定量 1
二四芝2206
472Ⓢ0.3
53ルメール
14ト1番1人気
先抜出34.1
キセキ
4ヵ月休放牧

ドバイ3.30良
メイダン
ドバイターフ 1
一八芝1467
GI Ⓜ0.2
55ルメール
765 1人気
13ト中位差
ヴィブロス

3東②6.2
安田記念 G I 定量 3
一六芝1309
484Ⓢ0.0
56ルメール
16ト14番1人気
⑬⑪⑨35.9
S後不32.4
インディチャ

5ヵ月
休養
仕上がり9分
放牧
調整
鉄砲成績
4 1 0 0
2走目成績
3 0 1 0

逃0　先1
差5　追2

中11上
4 0 0 0

6 0 1 0

4 0 0 3 3
1 0 0 0 0
1 0 0 0 1
0 0 0 0 0
0 0 0 0 0
0 0 0 0 0

○0 0 0 0

競馬の基本　予想の入口

２勝クラスを勝てば、**３勝クラス**。３勝クラスを勝てば、いよいよ**オープンクラス**へと上がって行きます。

ＧⅠ、**ＧⅡ**、**ＧⅢ**、**リステッド**、**オープン特別**というのは、クラスではなく、オープンクラスの中の、レースの格付です。

馬主（うまぬし）になったからには、有馬記念に出したい。なんと言っても、１着賞金は３億円ですから。でも、出走枠は16しかない。じゃあ、どうするかと言えば、まずはオープンまで上がって、その中のレースを勝って、ＧⅠに出走出来るだけの賞金を貯めましょうねということなんです。

クラスは５つです。

①１つも勝ったことのない、新馬、未勝利
②１つ勝った、１勝クラス
③２つ勝った、２勝クラス
④３つ勝った、３勝クラス
⑤そして、オープンクラス

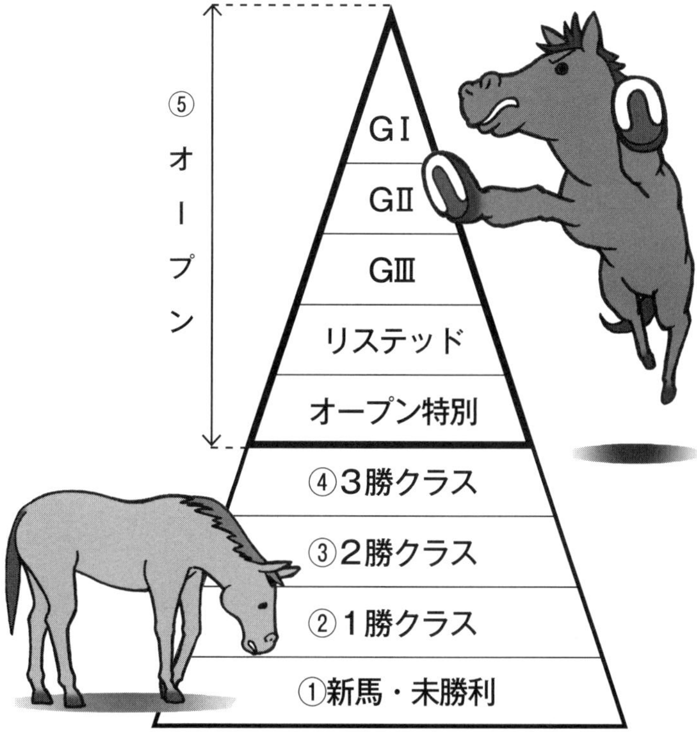

これであなたも
競馬通

『賞金の分配』

レースの賞金は、馬主80%、調教師10%、騎手5%、厩務員5%の割合で分配されます。

優勝賞金3億円の有馬記念の場合、馬主には2億4000万円が、調教師には3000万円が、騎手と厩務員には、それぞれ1500万円が入ることになります。

競馬新聞を読み解く3つのポイント

ボクが初心者に競馬を教える時、「まず見るべきポイントは3つあります」と話します。

1 距離

2 コース

3 展開

この3つです。

「距離とコースは何となく想像がつくけど、展開って、何？」って感じでしょ(笑)。

安心して下さい。この後わかりやすく、お話しますから。

2019年10月23日東京11レース天皇賞・秋

東京 11 発走 15:40

天皇陛下御即位慶祝 第160回 天皇賞（秋）（GⅠ）（3歳以上・オープン・国際・指定・定量）

芝2000

枠	馬番	馬名	父	母（母の父）	負担重量	騎手	厩舎	馬主名
1 白	1	カデナ	ディープインパクト	フレンチリヴィエラ（フレンチデピュティ）	58	藤岡佑	中竹	前田幸治
1 白	2	アーモンドアイ	ロードカナロア	フサイチパンドラ（サンデーサイレンス）	56	ルメール	国枝	シルクレーシング
2 黒	3	ケイアイノーテック	ディープインパクト	ケイアイガーベラ（スマーティジョーンズ）	58	幸	平田	亀田和弘
2 黒	4	スワーヴリチャード	ハーツクライ	ピラミマ（アンブライドルズソング）	58	横山典	庄野	NICKS
3 赤	5	アエロリット	クロフネ	アステリックス（ネオユニヴァース）	56	戸崎	菊沢	サンデーR
3 赤	6	ユーキャンスマイル	キングカメハメハ	ムードインディゴ（ダンスインザダーク）	58	岩田康	友道	金子真人HD
4 青	7	スティッフェリオ	ステイゴールド	シリアスアティテュード（ムトト）	58	丸山	音無	社台RH
4 青	8	マカヒキ	ディープインパクト	ウィキウィキ（フレンチデピュティ）	58	武豊	友道	金子真人HD
5 黄	9	ダノンプレミアム	ディープインパクト	インディアナギャル（インティカブ）	58	川田	中内田	ダノックス
5 黄	10	サートゥルナーリア	ロードカナロア	シーザリオ（スペシャルウィーク）	56	スミヨン	角居	キャロットF
6 緑	11	ゴーフォザサミット	ハーツクライ	ラグジャリー（ストームキャット）	58	北村宏	藤沢和	山本英俊
6 緑	12	ドレッドノータス	ハービンジャー	ディアデラノビア（サンデーサイレンス）	58	坂井瑠	矢作	キャロットF
7 橙	13	ランフォザローゼス	キングカメハメハ	ラストグルーヴ（ディープインパクト）	56	Mデムーロ	藤沢和	シルクR
7 橙	14	ワグネリアン	ディープインパクト	ミスアンコール（キングカメハメハ）	58	福永	友道	金子真人HD
8 桃	15	ウインブライト	ステイゴールド	サマーエタニティ（アドマイヤコジーン）	58	松岡	畠山吉	ウイン
8 桃	16	アルアイン	ディープインパクト	ドバイマジェスティ（エッセンスオブドバイ）	58	北村友	池江寿	サンデーR

レコード 1.56.1 トーセンジョーダン 58 ピンナ 11年10月30日

〔今回推定タイム〕 良 1.58秒台 重 1.59秒台

※ペースの表記 Ⓢ…スローペース Ⓜ…平均ペース Ⓗ…ハイペース

※通過順の〇数字は不利を示す。

※後半3Fの太字はメンバー中最速であったことを示す。

賞金（万円） 1着 15000 2着 6000 3着 3800 4着 2300 5着 1500

まず見るべきポイント ① 距離

まずは距離について。ＪＲＡの競馬は、**1000 mから 3600 m**までで行われます。

馬がハードルを飛ぶ、**障害競走**には、もっと距離が長いレースもありますが、**平地**（ひらち）と呼ばれる普通のレースは、1000 mから 3600 mまで。

人間の陸上競技でもそうですが、100 m走の金メダリストが、フルマラソンを走ったとしたら、先頭でゴールに入ると思いますか？　まずもって、無理でしょう。

逆もまた然り。マラソンのチャンピオンが 100 mを走っても、トップクラスの選手には、歯が立たないはず。

それと同様に、競走馬にとって、距離の適性は、とても重要なんですね。

距離体系が整った現在、競走馬は 200 mぐらいで適性が変わると言われます。もちろん、距離の融通が利くといって、幅広い距離をこなせる馬もいます。

でも、1200 mだと速いのに、1400 mだと最後まで息がもたないとか、1600 mだとぜんぜん勝てないのに、1800 mだと強いなんてことが、多々あるんです。

「このレースは何メートル？　この馬の得意な距離は？」

すべて競馬新聞には、書いてあります。

これであなたも
競馬通

『人間の陸上競技もそう』

人間でも、100m走の選手は筋骨隆々。筋力の塊で、いかにも内に爆発力を秘めた、そんな体ですよね。

逆に、マラソン選手にはヒョロっとした人が多く、求められるのは、瞬発力ではなく、持久力。

馬も短距離に向く馬は、寸の詰まった筋肉質の馬が多く、長距離タイプには、胴が長い馬が多いとされます。

右ページに並んだ馬名の下の数字の羅列を見て下さい。縦に４つ並んだ数字は、上から、１着、２着、３着、４着以下の回数です。具体的に見てみましょうか。

２枠３番ケイアイノーテックの距離の欄です。

急に漢数字が出てきますが、距離の表記には、漢数字を使うことが多く、たとえば千二は1200ｍ、千六は1600ｍ、二千は2000ｍです。

千六〜千七は〔３２１４〕。つまり、３勝、２着２回、３着１回、４着以下４回と、計10回走って、３着以内が６回あります。まずまずの成績ですよね。

ところが、千八〜二千は〔０００２〕。２回とも４着以下。

一番右の太字になっているのが、このレースの距離、二千の成績で、そこが〔００００〕ですから、2000ｍは初めて走るレースの距離。つまり“初距離”ということです。だとしたら、千八〜二千の〔０００２〕は、二千未満の成績だと。

「う〜ん、この馬に2000ｍはちょっと長いかなぁ…」と推測する。

逆に、８枠15番ウインブライトの距離の欄を見て下さい。

千六〜千七は〔０１０２〕。３戦して、２着が１回。

ところが、千八〜二千は〔８１０５〕。８勝も挙げているのです。

ただ、二一以上は〔０００２〕。二千を超えると成績は落ちる。

一番右に目をやって、当該距離の二千を見ると〔３１０２〕。

「なるほど、この馬に2000 mは合うんだな」と考える。

これが、距離です。

ちなみに、アーモンドアイの千八～二千は〔２０００〕。二千は〔１０００〕。回数は少なくても、負け知らずです。

枠馬番	1 2 白	2 3	8 15
父	ロードカナロア	ディープインパクト	ステイゴールド
馬名	アーモンドアイ	ケイアイノーテック	ウインブライト
母	フサイチパンドラ4勝	ケイアイガーベラ9勝	サマーエタニティ3勝
(母の父)	(サンデーサイレンス)	(スマーティジョーンズ)	(アドマイヤコジーン)
性齢	牝4	牡4	牡5
毛色	鹿毛	鹿毛	芦毛

距離別勝利（二一以上・千八～二千・千六～千七・千五以下・二千）			
	2 2 3 0 1	0 0 3 0 0	0 8 0 0 3
	0 0 0 1 0	0 0 2 0 0	0 1 1 0 1
	0 0 1 0 0	0 0 1 0 0	0 0 0 0 0
	0 0 0 0 0	0 2 4 2 0	2 5 2 0 2

アーモンドアイ

まず見るべきポイント
② コース

次にコースです。ＪＲＡの競馬場は、全国に 10 あります。北は北海道の**札幌**、**函館**。本州に下りてきて、**新潟**、**福島**、**東京**、**中山**、**中京**、**京都**、**阪神**。そして、九州に渡って、**小倉**。この 10 です。

中央競馬 10 競馬場 MAP

このうち、**右回りの競馬場が７つ。左回りの競馬場が３つ。**

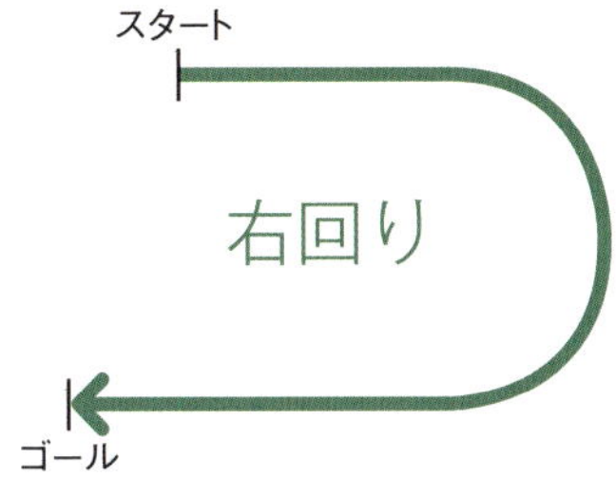

右回りは、時計の針と同じ回りで馬が走る。左回りは、その逆です。

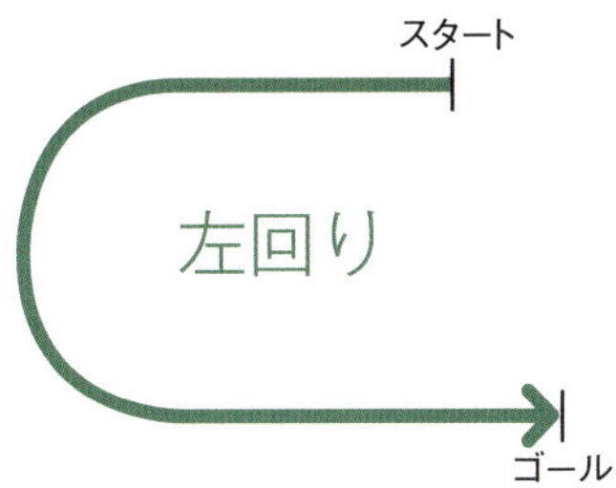

人間と同じで、競走馬にも、右利き、左利きがある。どちらの回りが得意というのがあるんですね。もちろん、どっちも上手く走れちゃうという馬もいるんですョ。ただ、極端に“こっち回りは走るけど、こっち回りはダメ”という馬もいるんです。

なので、競馬場の“回り”を覚えて下さい。少ないほうの３つ、左回りを覚えちゃいましょう。そうすれば、残りはすべて右回りですから。

新潟、東京、中京。

この３つが左回り。他はすべて、右回りの競馬場です。しっかりと覚えてください。

では、新潟競馬場って、どんな競馬場かというと、新潟は敷地がメチャメチャ広い。何と言っても、日本で唯一、芝一直線の1000ｍのコースがある競馬場ですからね。

最後のコーナー（4コーナー）を回って、ゴールまでを“直線”というのですが、新潟競馬場の外回りコースは、その直線が約658 mと長い。

東京競馬場は、その国のダービーを行う競馬場が最も格式が高いと言う人もいるように、東京都内にありながら、中央自動車道沿いに広大な敷地を持ち、こちらも最後の直線が約525 mと長い。

中京競馬場は、意外や小回り。それでも、2012年の改修工事で、直線を約412 mにまで延ばしました。

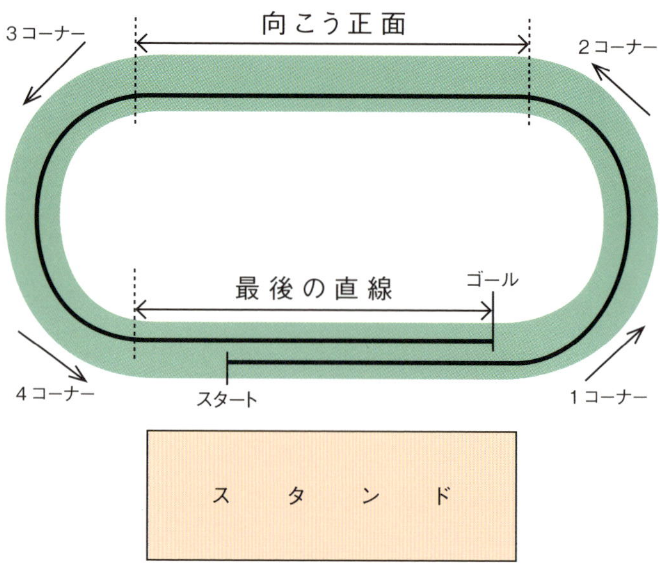

ちなみに、有馬記念が行われる、中山競馬場の直線の長さが310ｍですから、新潟の外回りや、東京の直線がいかに長いかというのは、わかってもらえるかと思います。

「そっか。中京は別にしても、新潟と東京は同じ左回りで、直線も長いなら、似たようなコースなんだな」と思いがち。

いやいや、これが違うんです。

新潟は、フラットな平坦コース。ペタンとしています。対して、東京は、最後の直線にダラダラ上る坂があるんですね。

加えて、東京には道中にも起伏があるので、同じ距離を走っても、よりスタミナが必要になるのが東京競馬場なんです。

中京も、コースの改修と共に最後の直線に坂を作りました。

何が言いたいかというと、ＪＲＡの10の競馬場は、すべてが個性的で、「この馬には、このコースが合う」といった、**コースの適性**があるということなんです。

要チェック！

右回り？　左回り？
直線は長いの？　短いの？
坂の有無は？

**東京競馬場
芝・ダートコース図**

左回り

芝：直線525.9m、3コーナー手前、直線中間に上り坂
ダート：直線501.6m、直線中間に上り坂

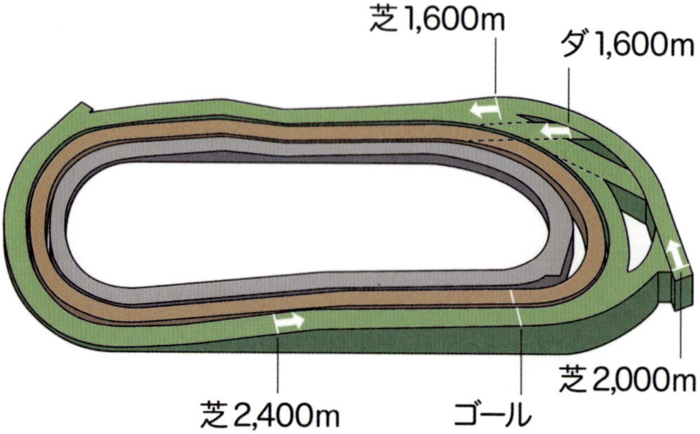

**中山競馬場
芝・ダートコース図**

右回り

芝：外回り直線310m、ゴール前急な上り坂
　　内回り直線310m、ゴール前急な上り坂
ダート：直線308m、ゴール前上り坂

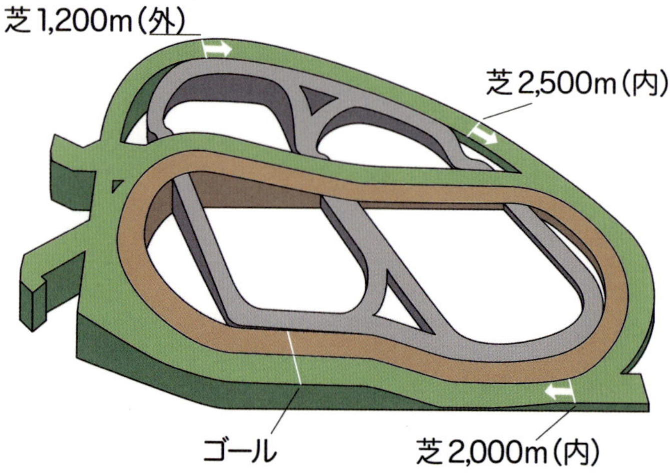

京都競馬場 芝・ダートコース図

右回り

芝：外回り直線403.7m、3コーナーに急な勾配
　　内回り直線328.4m、3コーナーに急な勾配
ダート：直線329.1m、3コーナーに勾配

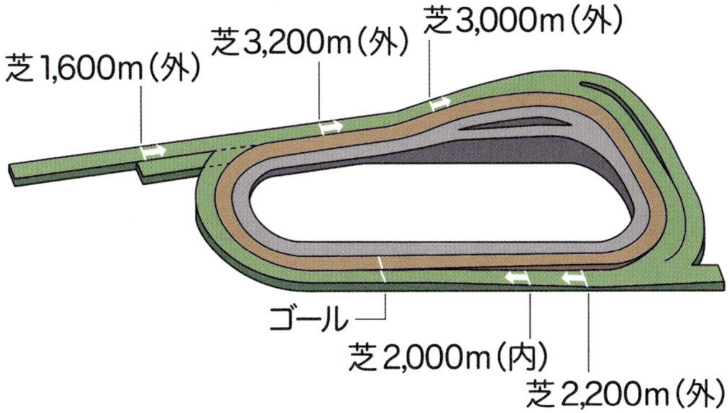

阪神競馬場 芝・ダートコース図

右回り

芝：外回り直線473.6m、ゴール前上り坂
　　内回り直線356.5m、ゴール前上り坂
ダート：直線352.7m、ゴール前上り坂

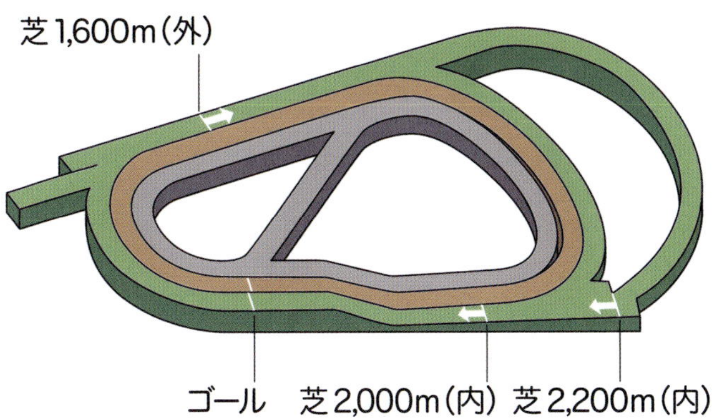

札幌競馬場
芝・ダートコース図

右回り

芝：直線266.1m、ほぼ平坦
ダート：直線264.3m、ほぼ平坦

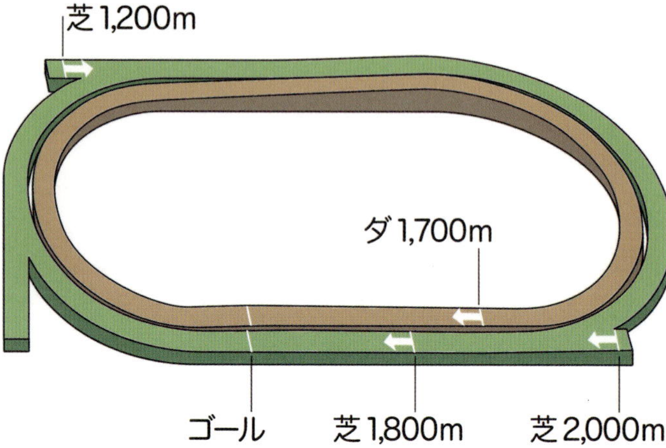

函館競馬場
芝・ダートコース図

右回り

芝：直線262.1m、直線ゆるい下り坂
ダート：直線260.3m、直線ゆるい下り坂

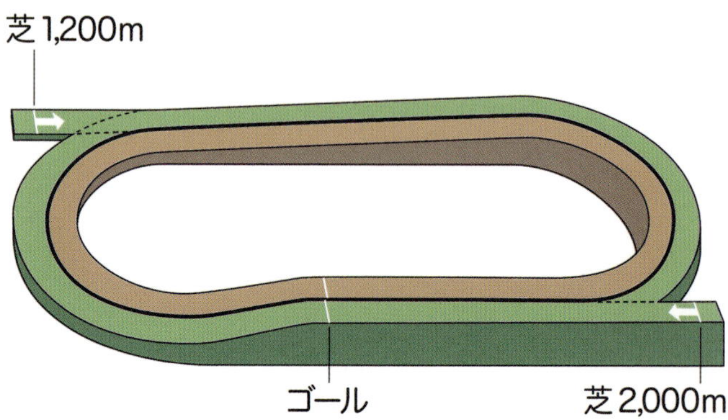

新潟競馬場
芝・ダートコース図

左回り

芝：外回り直線658.7m、3コーナーにゆるい勾配
　内回り直線358.7m、ほぼ平坦
　直線馬場1,000m、ほぼ平坦
ダート：直線353.9m、ほぼ平坦

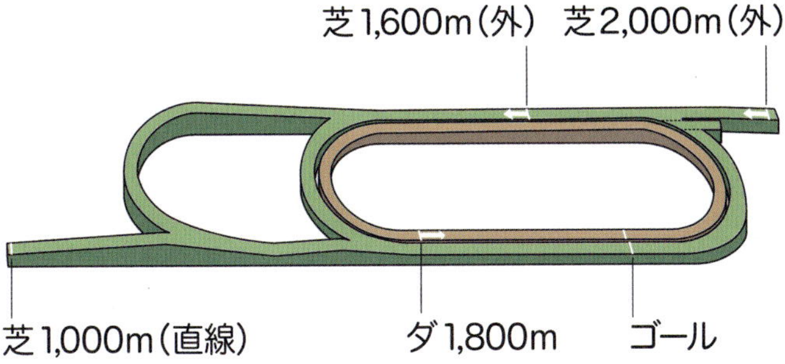

福島競馬場
芝・ダートコース図

右回り

芝：直線292m、2コーナー過ぎ、ゴール前上り坂
ダート：直線295.7m、ゴール前ゆるい上り坂

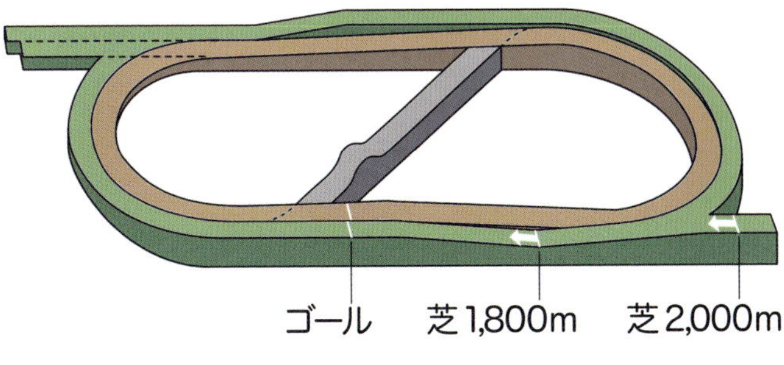

中京競馬場 芝・ダートコース図

左回り

芝：直線412.5m、直線中間に上り坂
ダート：直線410.7m、直線中間に上り坂

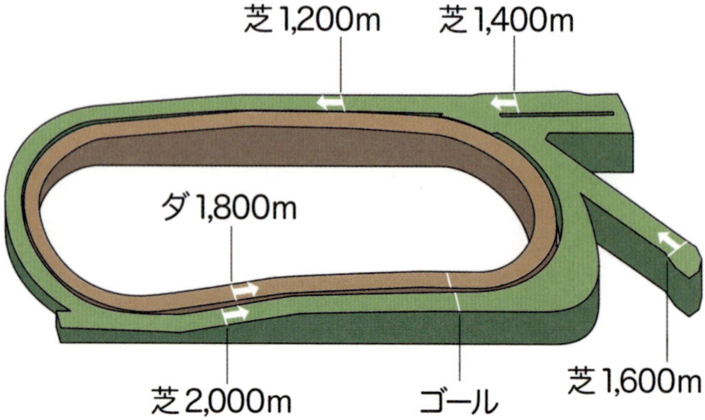

小倉競馬場 芝・ダートコース図

右回り

芝：直線293m、1～2コーナーに上り坂
ダート：直線291.3m、1～2コーナーに上り坂

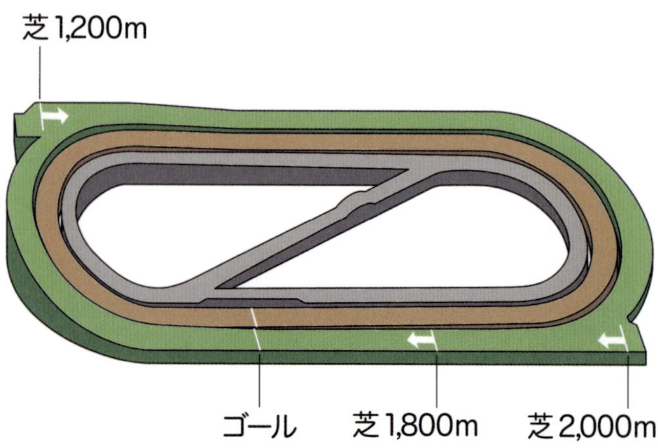

「じゃあ、この馬は、どの競馬場が得意なのか」。それも、新聞にはちゃんと書いてあります。

右下の「ウインブライト」という馬名の下に並ぶ数字の羅列を見て下さい。

この新聞では、重賞はより詳細に、１～５着までと、６着以下で表記してあります。

上から、**１着、２着、３着、４着、５着、着外（６着以下）**です。

先程の８枠15番ウインブライトは、左芝〔１０００４〕。つまり、左回りの芝は５戦して１勝、あとの４回は６着以下ですが、右芝だと〔７２００１４〕。７勝、２着２回の好成績は、右回りの芝で挙げているのです。

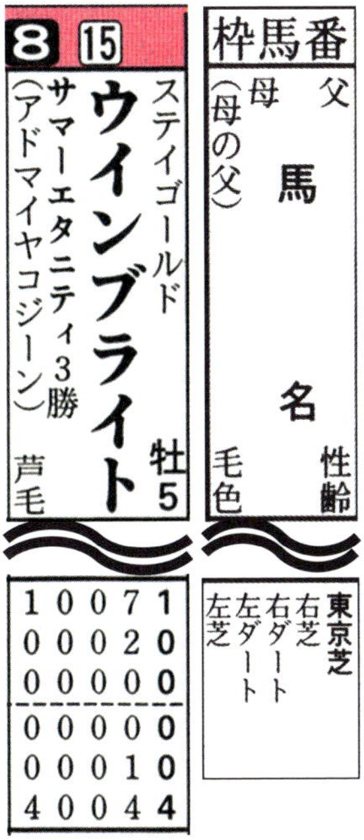

8
15
ステイゴールド
ウインブライト
牡5
サマーエタニティ3勝
(アドマイヤコジーン)
芦毛
100004
720014
000000
000000
100004
枠馬番
父
母
(母の父)
馬名
性齢
毛色
東京芝
右芝
右ダート
左ダート
左芝

東京コースは左回りですよね。さらに、具体的に東京芝はどうかと見てみると〔１０００４〕。左回りの芝の成績は、すべて東京でのものなんだなと。だとしたら、「ちょっと心もとないよなぁ…」となりませんか？

対して、3枠6番ユーキャンスマイルは、左芝〔300000〕、右芝〔231012〕。

右芝がダメなわけではないけれど、左回りで3戦3勝なら、大得意！

具体的に東京芝の成績を確認すると、〔100000〕。わずかに1戦ですが、勝っているのは確かです。

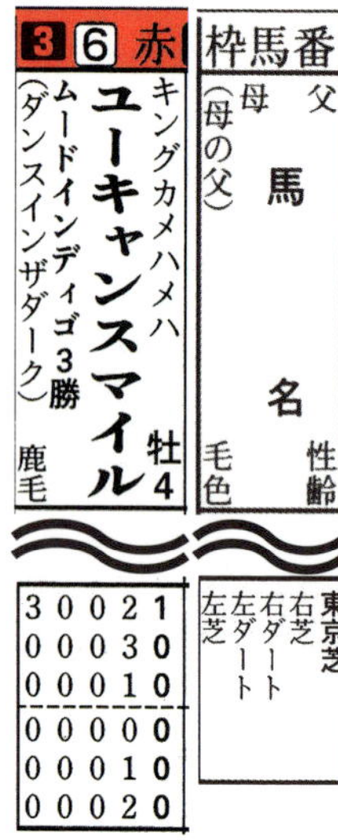

枠馬番
父
馬名
母
(母の父)
性齢
毛色
3 6 赤
キングカメハメハ
ユーキャンスマイル
ムードインディゴ3勝
(ダンスインザダーク)
牡4
鹿毛
東京芝
右芝
右ダート
左ダート
左芝
3 0 0 2 1
0 0 0 3 0
0 0 0 1 0
0 0 0 0 0
0 0 0 1 0
0 0 0 2 0

7枠14番ワグネリアンも、左芝は3戦3勝。東京芝も2戦2勝。「得意のコースなんだな」となります。

これがコース別の成績を見るポイントです。

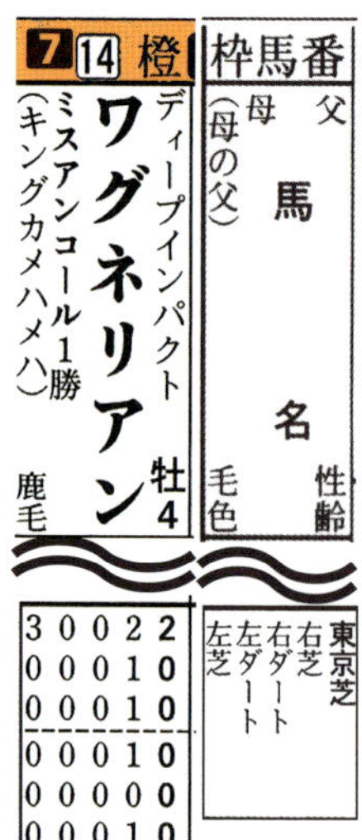

枠馬番
父
馬名
母
(母の父)
性齢
毛色
7 14 橙
ディープインパクト
ワグネリアン
ミスアンコール1勝
(キングカメハメハ)
牡4
鹿毛
東京芝
右芝
右ダート
左ダート
左芝
3 0 0 2 2
0 0 0 1 0
0 0 0 1 0
0 0 0 1 0
0 0 0 0 0
0 0 0 1 0

ちなみにアーモンドアイは、左芝〔411000〕。東京芝〔301000〕です。

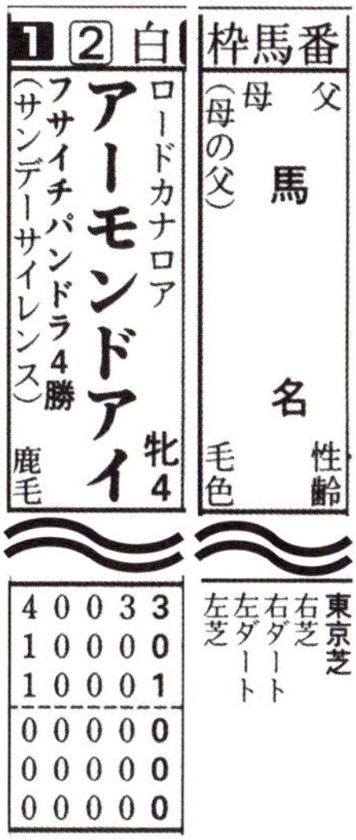

要チェック！

まずは、右回りと左回りを比べてみる。例えば、左回りには、平坦の新潟も、坂のある東京も混ざってるので、具体的に「新潟はどう？東京は？」と、比較する必要がある。

ちなみに、この“距離”と“コース”が得意というだけで、その馬を狙うと馬券が当たる場合もあります。この２つは、馬券攻略に、重要なポイント。必ずチェックするようにして下さい。

まず見るべきポイント ③ 展開

最後に展開です。

ちょっぴり長くなりますが、ついて来て下さいね(笑)。

馬は草食動物ですから、肉食動物から身を守るために早く走ります。また、群れて走る習性があり、それらを利用したのが、競馬というスポーツ・エンターテインメントなんです。

真っ先に目的地に行ければ餌にならないけど、最後になると、ライオンに食べられちゃうかも。

競馬において、目的地はゴールですから、彼らがいち早くゴールに辿り着くための作戦、走り方があります。それを、**“脚質（きゃくしつ）”**といいます。

大きく分けて４つあります。

何が何でも、先頭に立たなきゃ嫌だという馬を、“逃げ馬”といいます。

逃げ馬の後ろに付けて、逃げ馬がバテたところをヒョイと交わしてやろうというのが、“先行馬”。

道中は力を温存しておいて、それを後半に爆発させるのが、“差し馬”。

まさに最後の直線だけで、怒涛の追い込み、“追い込み馬”です。

逃げ、先行、差し、追い込み。この４つが“脚質”です。

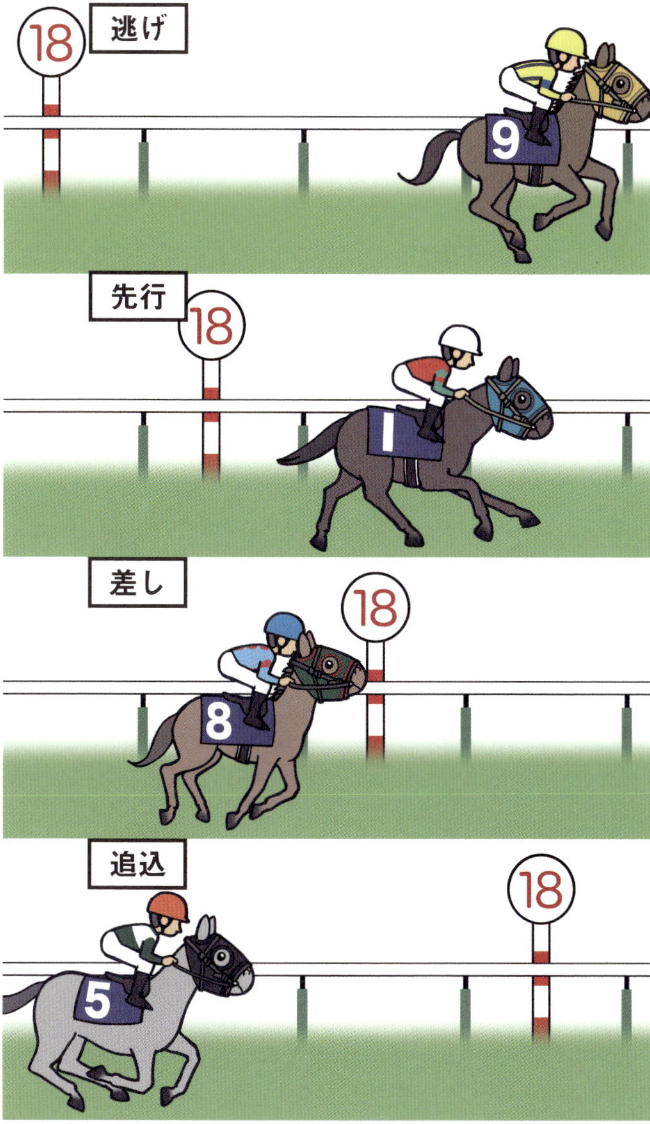
逃げ
18
9
先行
18
1
差し
18
8
追込
18
5

想像してみて下さい。このレースには、Aという逃げ馬がいて、ゲートが開いたら、ポーンと飛び出して行く。

ところが、このレースには、もう1頭、Bという逃げ馬がいて、BがAを抜いて行く。

「Aさん、すみません。ボク、逃げ馬なんです」。

すると、Aが怒ります。「おいおい、オレが逃げるんだよ」。

Bは言います。「今日は、いくらAさんでも譲りませんからっ」。

最初から、AとBが、ガンガンやり合う。これを**“ハナ争い”**と言います。

すると、先行馬のCやDも、「あんなに早く行くなら、オレたちも付いていかなきゃ」と、いつも以上に飛ばして行く。

それを見ていた、追い込み馬のZは、「バカだねぇ、あいつら。最初から、あんなに飛ばしたら、最後にバテるに決まってんだろ」と、じっくり後方に構える。

さぁ、4コーナーを回って、最後の直線です。

AとBは、息も絶え絶え。CやDも、ハアハア言っちゃってる。そりゃそうですよね。だって、最初から、オーバーペースなんですから。

そこへ、たっぷり力を温存していた、追い込み馬Zが襲いかかります。

「邪魔だ、邪魔だっ。どいた、どいたーっ」。

Zのジョッキーが一発ムチを入れると、バテた馬たちを、次々と交わして、先頭でゴールイン！

何が言いたいかというと、**「逃げ、先行馬が多い時は、ペースがハイ（H）ペースになって、差し、追い込みが決まりやすい」**。

逆に、逃げ馬がAしかいなければ、「あれ？　誰も追いかけて来ないの？　ならば、ちょいとゆっくり逃げるかな」と、70%の力で逃げる。

4コーナーを回って、直線に。Aには30%の余力があるから、ジョッキーが「まだ大丈夫だよね」とムチを入れると、もうひと伸び。

前に行ってるアドバンテージがあるから、CやDは届かない。ましてや、Zは追い込めない。

つまり、**「逃げ、先行馬が少ないと、ペースがスロー（S）ペースになって、前残りの競馬になりやすい」**。これを**“展開を読む”**と言います。

両者ハナを譲らず、熾烈な先行争い！
後方待機のレイコビジンが、最後の直線で大外一気の差し切り勝ち!!

先手を奪ったのはタケヒーロー、マイペースの逃げに持ち込みます。
9
直線も後続を寄せ付けず、悠々と逃げ切り勝ちです。

では、どの馬が逃げ馬で、どの馬が追い込み馬なのか？

安心して下さい。それも競馬新聞には、ちゃんと書いてあるんです。

この新聞では、別欄に脚質の欄があって、マスが４つ。一番上に矢印↑があるのが **“逃げ馬”**、２番目にあるのが **“先行馬”**、３番目が **“差し馬”**、一番下が **“追い込み馬”**。

つまり、逃げ馬は３枠５番アエロリット。１枠２番アーモンドアイは差して来るんだなと。

他の新聞では、距離の欄などに併記されているものも多く、矢印↑が１着のところにあるのが“逃げ馬”、２着のところが“先行馬”、３着のところが“差し馬”、４着以下のところが“追い込み馬”。

なんですが…。これを鵜呑みにしてはいけないんです。

2019年10月27日東京11レース天皇賞・秋　脚質欄

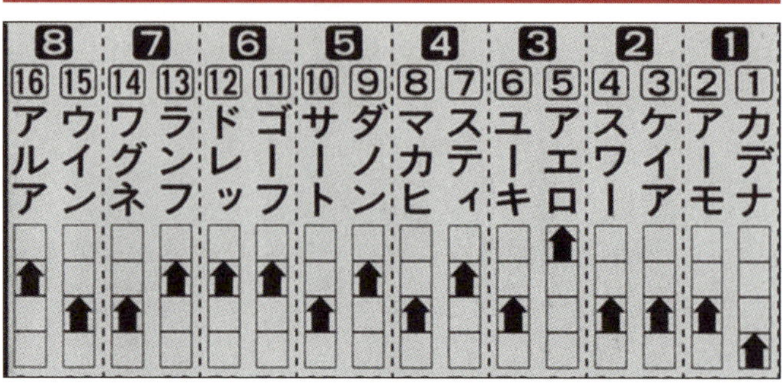

8 7 6 5 4 3 2 1
16 15 14 13 12 11 10 9 8 7 6 5 4 3 2 1
アルア
ウイン
ワグネ
ランフ
ドレッ
ゴーフ
サート
ダノン
マカヒ
スティ
ユーキ
アエロ
スワー
ケイア
アーモ
カデナ

どういうことかと言うと、これはこの新聞が、「きっと、この馬はこうやって走るだろう」と予想したものだから。◎の馬が、絶対勝つとは限らないように、「逃げる」とされた馬が、逃げないこともある。

では、どうするのかと言ったら、「自分で見つける」んですね。

距離とコースの実績欄に挟まれた、いくつかの小箱があります。これが“成績欄”です。近走のいくつかが出ていて、下から新しいレース、上に上がるに従って、だんだんと古いレースになっていきます。

2019年天皇賞・秋
アーモンドアイの
前走成績欄

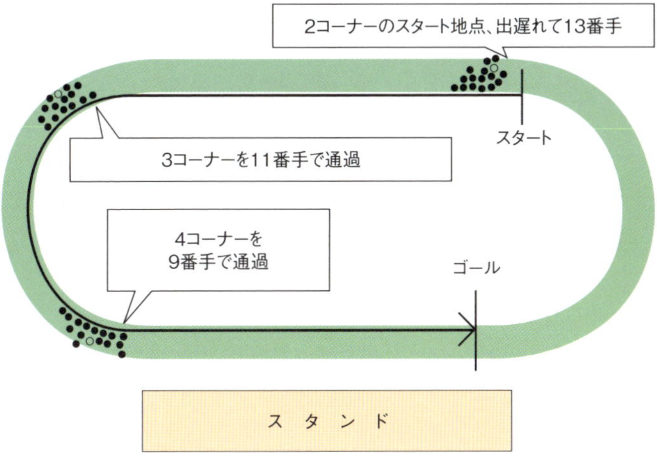

2019年10月23日東京11レース天皇賞・秋

東京 11 発走 15:40

第160回 天皇賞(秋)(GI) 天皇陛下御即位慶祝 (3歳以上・オープン・(国際)(指定)・定量)

馬番	枠	馬名	父	母(母の父)	毛色・性齢	負担重量	騎手	騎乗成績	クラス 賞金	総賞金	厩舎	馬主名	生産牧場
1	1 白	カデナ	ディープインパクト	フレンチリヴィエラ 輸入(フレンチデピュティ)	鹿毛 牡5	58	藤岡佑	0 0 1 1	オープン 3175	13893	中竹	前田幸治	グランド
2	1 白	アーモンドアイ	ロードカナロア	フサイチパンドラ 4勝(サンデーサイレンス)	鹿毛 牝4	56	ルメール	6 1 1 0	オープン 52830	114439	国枝	㈲シルクレーシング	ノーザン
3	2 黒	ケイアイノーテック	ディープインパクト	ケイアイガーベラ 9勝(スマーティジョーンズ)	鹿毛 牡4	58	幸	0 0 0 3	オープン 7250	17667	平田	亀田和弘	新隆栄牧場
4	2 黒	スワーヴリチャード	ハーツクライ	ピラミマ 0勝(アンブライドルズソング)	栗毛 牡5	58	横山典	0 0 0 0	オープン 9450	65407	庄野	㈱NICKS	ノーザン
5	3 赤	アエロリット	クロフネ	アステリックス 0勝(ネオユニヴァース)	芦毛 牝5	56	戸崎	0 2 0 1	オープン 13900	42069	菊沢	サンデーR	ノーザン
6	3 赤	ユーキャンスマイル	キングカメハメハ	ムードインディゴ 3勝(ダンスインザダーク)	鹿毛 牡4	58	岩田康	2 0 0 1	オープン 5600	17690	友道	金子真人HD㈱	ノーザン
7	4 青	スティッフェリオ	ステイゴールド	シリアスアティテュード 輸入(ムトト)	鹿毛 牡5	58	丸山	5 0 0 3	オープン 9700	25320	音無	㈲社台RH	社台ファ
8	4 青	マカヒキ	ディープインパクト	ウィキウィキ 1勝(フレンチデピュティ)	鹿毛 牡6	58	武豊	0 0 0 1	オープン 9650	52680	友道	金子真人HD㈱	ノーザン
9	5 黄	ダノンプレミアム	ディープインパクト	インディアナギャル 輸入(インティカーブ)	青鹿毛 牡4	58	川田	6 0 0 2	オープン 14300	28913	中内田	㈱ダノックス	ケイアイ
10	5 黄	サートゥルナーリア	ロードカナロア	シーザリオ 4勝(スペシャルウィーク)	黒鹿毛 牡3	56	スミヨン	0 0 0 0	オープン 12900	31175	角居	キャロットF	ノーザン
11	6 緑	ゴーフォザサミット	ハーツクライ	ラグジャリー 輸入(ストームキャット)	黒鹿毛 牡4	58 B	北村宏	0 0 0 0	オープン 3600	9215	藤沢和	山本英俊	矢野牧場
12	6 緑	ドレッドノータス	ハービンジャー	ディアデラノビア 5勝(サンデーサイレンス)	栗毛 騸6	58	坂井瑠	1 0 1 1	オープン 7050	21132	矢作	キャロットF	ノーザン
13	7 橙	ランフォザローゼス	キングカメハメハ	ラストグルーヴ 1勝(ディープインパクト)	鹿毛 牡3	56 B	Mデムーロ	0 0 0 0	オープン 2250	5522	藤沢和	窪田芳郎	ノーザン
14	7 橙	ワグネリアン	ディープインパクト	ミスアンコール 1勝(キングカメハメハ)	鹿毛 牡4	58	福永	4 1 1 2	オープン 16650	40228	友道	金子真人HD㈱	ノーザン
15	8 桃	ウインブライト	ステイゴールド	サマーエタニティ 3勝(アドマイヤコジーン)	芦毛 牡5	58	松岡	8 2 0 8	オープン 19515	49150	畠山吉	㈱ウイン	コスモヴ
16	8 桃	アルアイン	ディープインパクト	ドバイマジェスティ 輸入(エッセンスオブドバイ)	鹿毛 牡5	58 B	北村友	1 1 0 2	オープン 12425	52311	池江寿	サンデーR	ノーザン

芝2000 (東京)

レコード 1.56.1 トーセンジョーダン 58 ピンナ 11年10月30日

〔今回推定タイム〕 良 1.58秒台 重 1.59秒台

〔成績の見方〕
①2東⑫5.29 ②ダービーGI 定量 1 ③芝2240 ④502Ⓜ0.0 ⑤57川田 ⑥18,3↑3人 ⑦⑧⑧⑧37.0 ⑧中位伸33.3 ⑨サトノダイヤ

①場所(馬場状態)月日
②競走名 条件 着順
③距離 時計
④体重 ペース 秒差
⑤負担重量 騎手
⑥頭数 枠順 人気
⑦通過順 前半3F
⑧短評 後半3F
⑨1着または2着馬名

※ペースの表記 Ⓢ…スローペース Ⓜ…平均ペース Ⓗ…ハイペース
※通過順の○数字は不利を示す。
※後半3Fの太字はメンバー中最速であったことを示す。

中身については後述しますが、どの競馬新聞でも、一番目立つ数字が、着順だと思って下さい。そして、脚質を表すのは、この３つの数字。楕円形の競馬場。コーナーは、４つあります。

ゴール板を過ぎたところから、１コーナー、２コーナー、向こう正面の直線を過ぎて、３コーナー、４コーナーと回って、最後の直線を駆け抜けて、ゴール。

例えば、１枠２番アーモンドアイの、５ヶ月休養前の前走、安田記念というレースは、16頭立ての３着。

改めて、脚質を表す３つの数字は、⑬11 9になっていますよね。

説明しますね。まず、左の⑬は、２コーナーを回る時（２コーナー付近でスタートを切り）、16頭が隊列を作って走っている中の**「前から13番目にいました」**というのを表す数字。

3東②6.2
安田G定
記念Ｉ量 3
兵芝1309
484Ⓢ0.0
56ルメール
16ト14ゲト1人気
⑬11 9 35.9
S後不32.4
インディチャ

2019年天皇賞・秋
アーモンドアイの
前走成績欄

真ん中の11は３コーナーを回る時、右の9は４コーナーを回る時の位置取りを表しています。

２コーナー（スタート）13番手→３コーナー11番手→４コーナー９番手と、徐々にポジションを上げていき、最後の直線で６頭を抜いて、３着でゴール。

つまり、アーモンドアイは“差し”の競馬をしたことになります。

では、逃げ馬の数字はどうなりますか？逃げ馬は、いつも先頭にいないと嫌な馬なので…。そう、[1][1][1]になるんですね。

３枠５番アエロリットは、確かに[1][1][1]が多いでしょう。

４枠７番スティッフェリオも、前走のオールカマーというレースでは逃げて勝ちました。

2019年天皇賞・秋
アエロリットの
前走成績欄

2019年天皇賞・秋
スティッフェリオの
前走成績欄

逆に、追い込み馬の数字はどうなるかというと、**大きな数字から、小さな数字になっている。これが追い込み馬です。**

例えば、１枠１番カデナの前走の新潟記念というレースは、18頭立てで、[18][17][15]から３着。

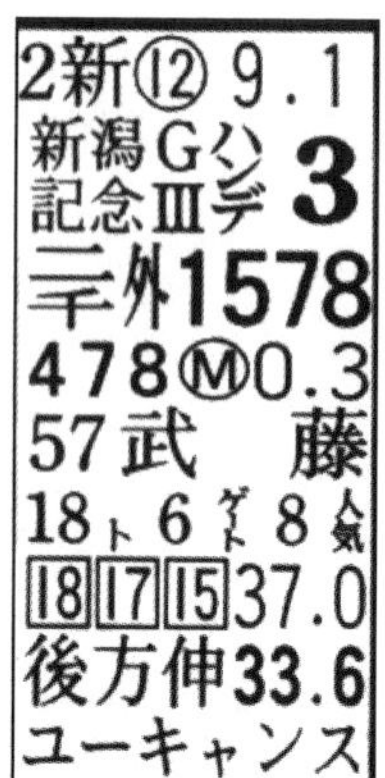

2019年天皇賞・秋
カデナの
前走成績欄

2019年天皇賞・秋
ユーキャンスマイル
の前走成績欄

同じく、３枠６番ユーキャンスマイルの前走も新潟記念で、[13][13][12]から１着。

共に追い込んで来ましたが、道中の位置取りが、ユーキャンスマイルの方が少し前だった分、カデナは差し届かなかったと見ることが出来ますよね。

ここでは、ペースを握る逃げ馬、すなわち、[1][1][1]の競馬をしている馬を、まずは探してみましょう。たくさんいればハイ（H）ペース、少なければスロー（S）ペース。平均的に流れるならば、ミドル（M）ペースです。

「展開を読む」とは、このレースの流れが、どの脚質の馬に向くのかを考えることなのです。

これであなたも競馬通

『自在』

「必ずこのポジションで」というのではなく、レースの流れによって、道中はどこからでも競馬の出来る馬の脚質を“自在”と言います。

脚質を表す競馬新聞の矢印も、“自在”だと、すべてに↑が付いている場合があります。

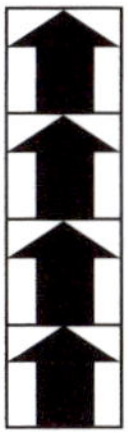

改めて成績欄を見てください。

新聞によって、表記は様々ですが、大体似通っていると思ってもらって大丈夫。予想のファクターとして、大切なことが、たくさん詰まってますが、ここまでお話した中で、「ここをチェックして」という部分にのみ下線を入れてあります。

詳しくは、またお話します。

はい。これでおしまい（笑）。

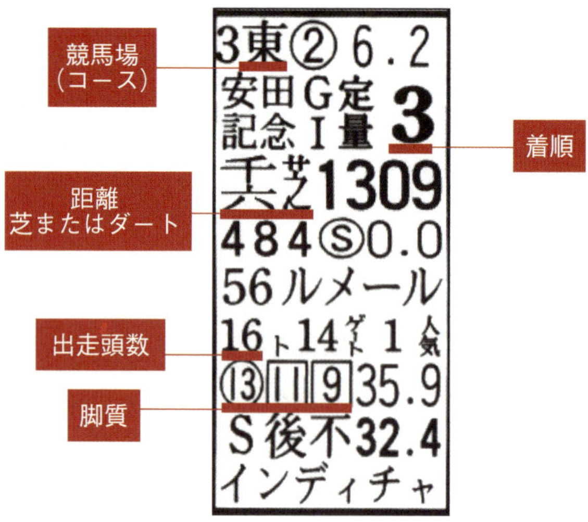

もう一度、おさらいしますね。

要チェック！

まず、このレースはどんなレースなのか？
競馬場はどこ？
芝、それともダート？
距離は何メートル？
把握したならば、この距離が得意な馬を探してみる。
このコースが得意な馬を探してみる。
逃げるのは、どれ？
では、この馬に展開は向くの？

そうして、頭の中で、バーチャルにレースをやってみるんです。

「逃げるのは、この馬か。いや、これが競りかけてきそうだなぁ。人気のこの馬は、たぶんこの辺の位置につけるだろうけど、思った以上にペースが速くなると、こっちの馬も怖いか…」。そんな感じで。

あなたの頭の中では、最後の直線です。逃げ残るのか、好位から抜け出すのか、それとも後方一気の追い込みか。

その結果、ゴールに入るだろう順に、あるいはその可能性が高いだろうと思われる順に、あなた独自の◎○▲△を打てばいい。で、馬券の種類を、何にするかを決める。これが競馬の予想です。

もちろん、もっともっと深い部分はあります。それもこの本では、こっそり？　教えて差し上げます。

繰り返しますが、基本は３つ。**距離**、**コース**、**展開**。これさえわかれば、予想は立てられるということなんです。

マークカードの塗り方

さぁ、あなたなりの予想が出来たとしましょう。次に、「じゃあ、馬券はどうやって買うの？」となりますよね。ここからは、それを説明していきます。

今の時代、インターネットも含め、様々な馬券の購入方法がありますが、ここでは、競馬場やウインズで馬券を購入する際に使う、マークカードの塗り方について、説明しますね。

マークカードには、緑、青、赤のカードがあります。他に、超シンプルな、ライトカード（主にシニア向き）というのもありますが、ここでは、基本の緑のカードについて、説明します。これさえ塗れれば、競馬場で売っている馬券は、すべて購入することが出来ますから。

ビギナーのあなたは、まず緑のカードから、マスターしましょう。

このカードには、表面と裏面があります。まずは、表面を出して下さい。

すると、前述した10の競馬場の名前が書いてあります。まずは、**購入するレースの競馬場を選ん**で、塗りましょう。文字の場合は、文字の下にある部分を塗って下さい。

次に、**レース番号**を塗ります。数字は、上から塗りつぶしてＯＫです。

緑のカード　馬券購入までの５ステップ

重賞などの前日発売のあるレースを前日に購入するときにはここをマーク

❶レースの行われる競馬場をマーク

❷レース番号をマーク

❸馬券の種類をマーク

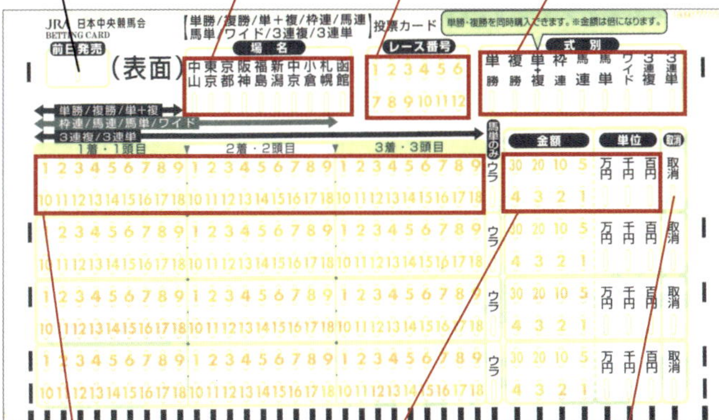

❹馬番号をマーク

❺購入したい金額をマーク

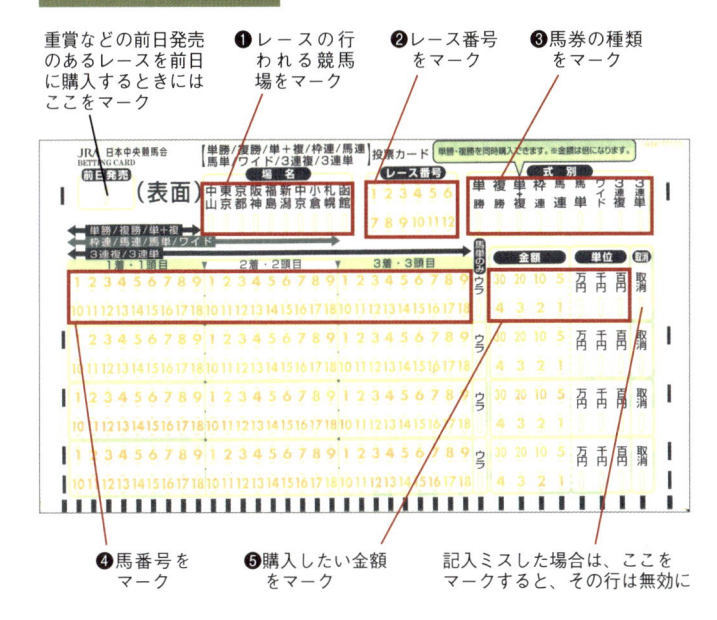

記入ミスした場合は、ここをマークすると、その行は無効に

式別とありますが、これが、馬券の種類。どの種類で買うのかを選ぶのですが、仮にワイドを選んだとしたら、この面では、そのレースのワイドしか買えません。最大で４点まで購入出来ます。

ワイドは、２頭を選んで、選んだ２頭が、２頭とも３着以内に入れば当たりという馬券でしたよね。なので、"１着・１頭目"と"２着・２頭目"の２つを使います。１つのマスに、18個も数字がありますが、**１マス１つしか塗れません**。ご注意を。

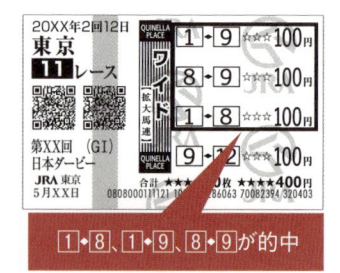

２頭を選んで塗ったら、次は金額です。100 円買いたい時は、金額の１と、単位の百円を塗る。

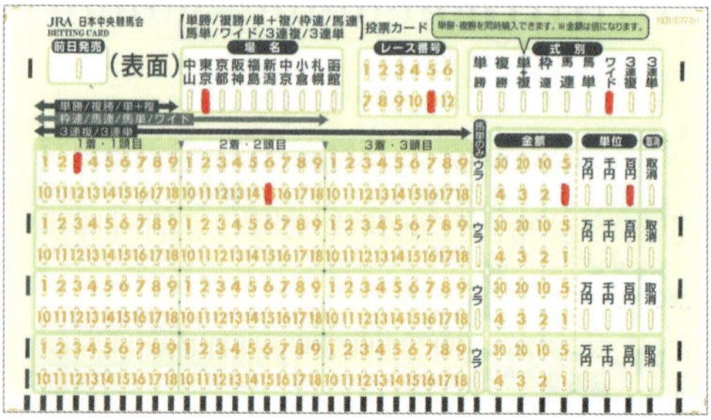

2000 円なら、金額の２と、単位の千円です。

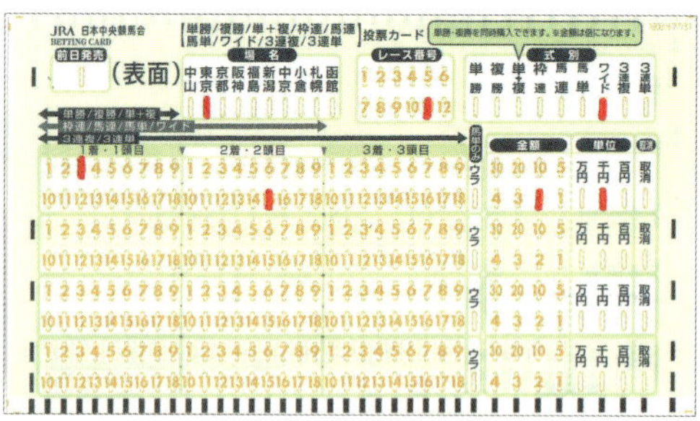

ビギナーには、よく金額の欄を塗り忘れる人が多いようです。気をつけて下さい。

もし、1800 円買いたい時はどうするのかというと、金額の 10 と５と３を塗って、単位の 100 円を塗る。

つまり、“18” 百円＝ 1800 円となるわけです。

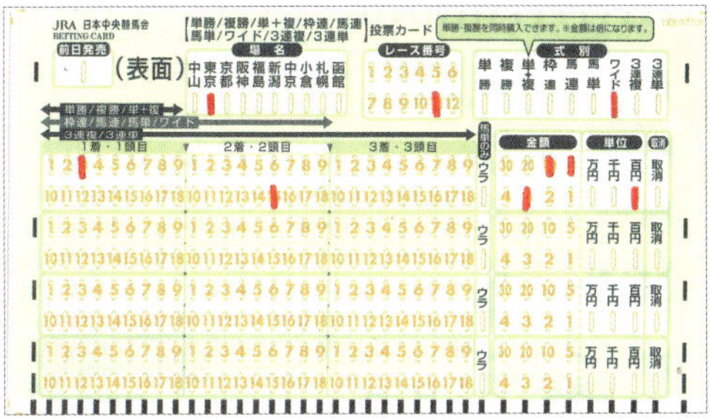

単勝、複勝、単＋複は、一番左の“１着・１頭目”だけを。

枠連、馬連、馬単、ワイドは、“１着・１頭目”と“２着・２頭目”を。

３連複、３連単を買う時のみ、一番右の“３着・３頭目”を使うことになります。

「でも、ワイドの払い戻しって、馬連の約３分の１なんだよね。ならば、馬連も買いたいなぁ」と思ったなら、マークカードを裏返してみて下さい。ここでまた、同じレースの別の式別を、あるいは同じ式別を、さらに４点まで購入することが出来ます。

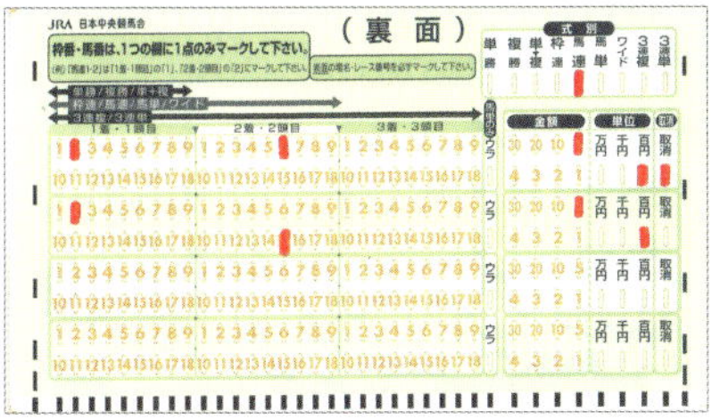

塗り間違えたら、一番右の**“取消”**を使って。ここを塗ると、その段だけが取り消されます。エコの観点からも、なるべく“グシャグシャ、ポイッ”は避けて下さいね。

青のカード

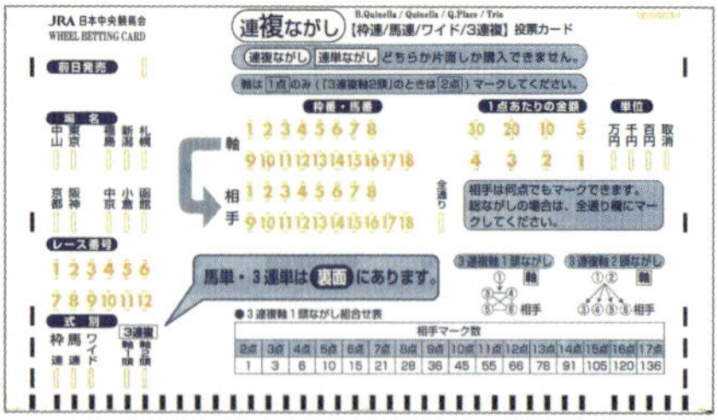

連複ながし

軸にしたい馬番号を1つだけ軸の欄にマークし、『相手』欄に組み合わせたい馬番号をマーク（いくつでも可）。

※青のカードはどちらか片面のみ使用可

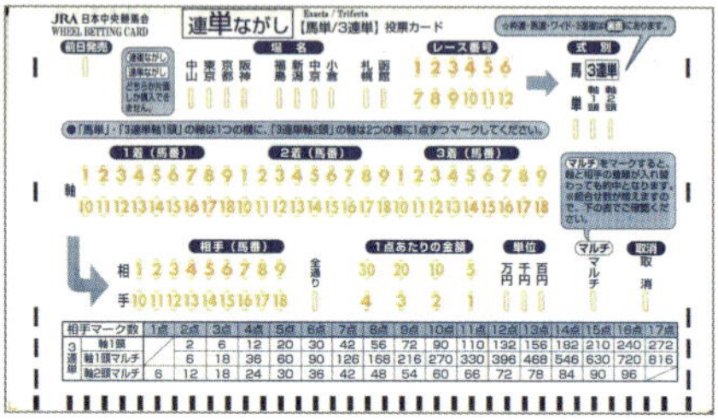

連単ながし

軸馬番を、1つだけ軸の『1着』、『2着』、『3着』欄のいずれかに、『相手』欄に組み合わせたい馬番号をマーク。マルチをマークすると、軸と相手の着順が入れ替わった組み合わせも購入

赤のカード

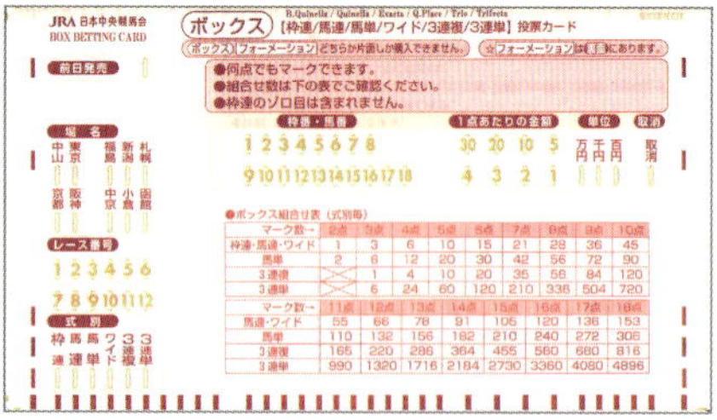

ボックス

選んだ馬の組み合わせを一度にすべて買う買い方。各式別ごとの組み合わせ数はカード下部で確認できる

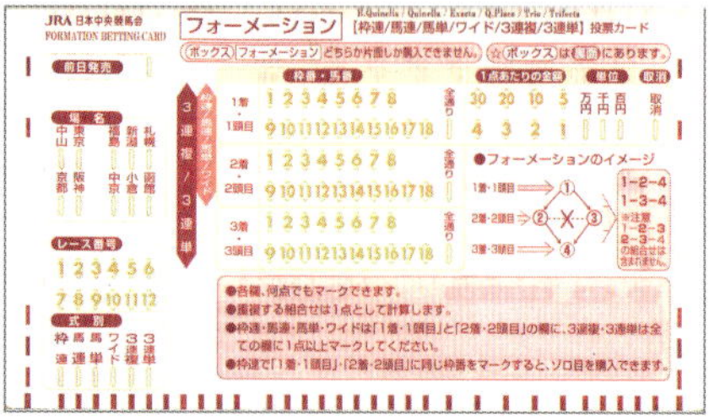

フォーメーション

着順を予想し、着順欄に予想した馬を記入すると、その組み合わせがすべて一度に買える買い方。3連単だけでなく3連複にも使用可

さぁ、マークカードを塗ったら、いざ、券売機の前へ。

まずはお金を入れてから、マークカードは20枚まで重ねて入れることが出来ます。

お釣りが無ければ、馬券が出てきます。お釣りがある場合は、壁面か画面上の**精算ボタン**をタッチすると、馬券とお釣りが出てきます。取り忘れのないように。

ちなみに、**“発売”**と書かれた、壁が青の券売機は、発売のみ。壁が黄色の**“発売・払戻”**と書かれた券売機なら、払い戻しも出来ます。

当たり馬券の有効期限は、60日。期限を過ぎてしまえば、ただの紙クズになってしまいます。忘れないうちに、なるべく早めに換金するようにしましょう。

競馬の基本　予想の入口

これであなたも
競馬通

『マークカード』

券売機は、蛍光ペン以外なら、ほぼすべて読んでくれます。

マークカード挿入の際の、向きや表裏は関係ありません。

記載ミスがあった際の修正のために、競馬新聞とペンは持って券売機に行くことをお勧めします。

競馬場やウインズで馬券を買う場合、発売締切時刻は発走の２分前。締切間際は、券売機が混み合います。購入が間に合わないこともあるので、なるべく早めの投票を心掛けるようにしましょう。

払い戻しですが、“発売・払戻”と書かれた券売機の右上に、的中馬券を入れるところがあり、こちらも20枚まで重ねて入れることが出来ます。

入れたら、壁面か画面上の精算ボタンをタッチすれば、払い戻し金が出てきます。

1枚、1枚入れて、精算していると、小銭だらけになっちゃう(笑)。なので、的中馬券が複数枚あるなら、まとめて入れることをお勧めします。

その当たり馬券で、次のレースの馬券を購入することも出来るんですョ。その場合は、馬券代を差し引いた金額が戻ってきます。

これであなたも
競馬通

『芝スタートのダートコース』

コースの形状の関係で、ダートのレースなのに、スタートのゲートが芝の上に置かれ、しばらく芝の上を走るコースがあります。それは、次の8つ。

東京ダート1600 m、中山ダート1200 m、京都ダート1400 m、阪神ダート1400 m、阪神ダート2000 m、福島ダート1150 m、新潟ダート1200 m、中京ダート1400 m。

内側からダートコースが入り込んでくるので、芝を走る距離は外のほうが長く、一般に“外枠有利”と言われるのですが、芝だとスタートダッシュがつかない馬もいて、必ずしも外がいいとは限らないようです。この8つのコースでの成績や、芝コースでの競走成績をチェック。芝も上手に走れる馬なら、外枠は歓迎材料となります。

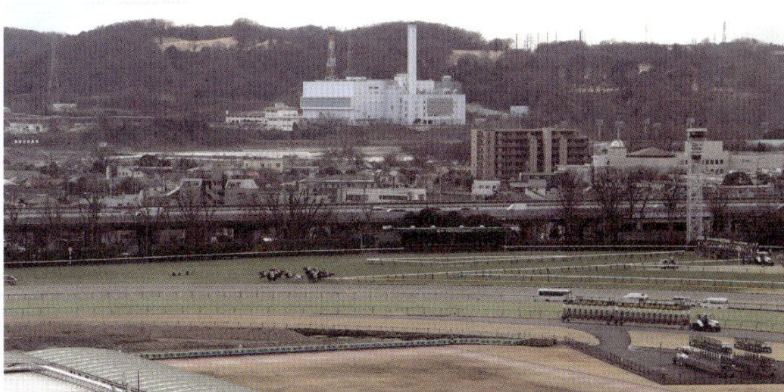

券売機での トラブルに注意！

意外と多いトラブルについて、お話しておきましょう。

ビギナーは、何かしら塗り間違えていることが多く、その際、券売機の画面がそれを指摘。マークカードだけが、戻ることがあるんですね。

すると、慌ててマークカードだけを取って、お金が券売機の中に入ったままなのに、その場から離れてしまう人が多い。

注意！　意外と多い マークカード記入ミス

場名が違う（開催替わりに間違いやすい）

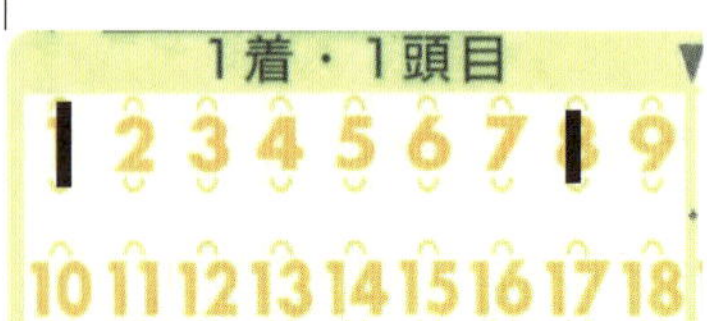

1頭の枠に複数のマークがある

金額、単位の記入漏れ。マークがマスからはみ出している

そこに、次のお客さんが走って来て、お金を投入。マークカードを入れて、精算ボタンを押して、馬券とお釣りを持って行く。そこには、あなたの投入したお金も含まれているのに。

「あれ？　馬券を買う前より、増えてないかい？　ま、いっか」。後から来た人は、悪気もなく、あなたのお金も持って行ってしまうのです。

いや、意外と多いんですョ。本当に。お金を入れたら、券売機の前から、どかないこと。困っていると、中から優しい従事員さんが顔を出して、「どうかしましたか？」と、声を掛けてくれますから。それを待つようにして下さいね。

これであなたも
競馬通

『ウインズ』

“ＷＩＮＳ”。

ＪＲＡの馬券を、競馬場以外で購入出来る施設のこと。

全国にあり、街のオシャレなスポットにもあることから、気軽に立ち寄って、馬券を購入していく人も多いよう。

他に、会員制の“エクセル”や、小規模場外施設の“ライトウインズ”などもあり、特に開催を行っていない時のＪＲＡの競馬場は“パークウインズ”と呼ばれ、イベントを催すなどして、多くのファンが来場。開催場さながらの盛り上がりを見せる場合もあります。

「BOX、流し、どっちで買う？」

「BOX、流し、どっちで買う？」

よく耳にする言葉です。

これは、馬券の種類ではなくて、馬券の買い方。ひとつの法則を持った買い方だと思って下さい。

例えば、このレースの予想を、◎○▲△の４頭に絞り、馬券は馬連で買おうと決めたとしましょう。

「◎は、絶対に２着はハズさない」。そう思ったなら。馬連は◎から **“流し”** で買えばいい。

図で表すと、〔図１〕。つまり、◎－○、◎－▲、◎－△の３点となります。

「いやいや、選んだ４頭、すべてにチャンスがありそう」と思ったなら、**“ＢＯＸ”** で買う。

図で表すと、〔図２〕。つまり、“流し”の◎－○、◎－▲、

流し馬券（図1）

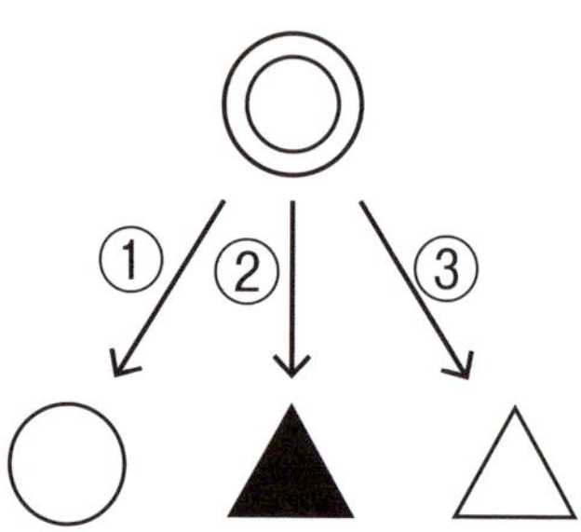

ボックス馬券（図2）

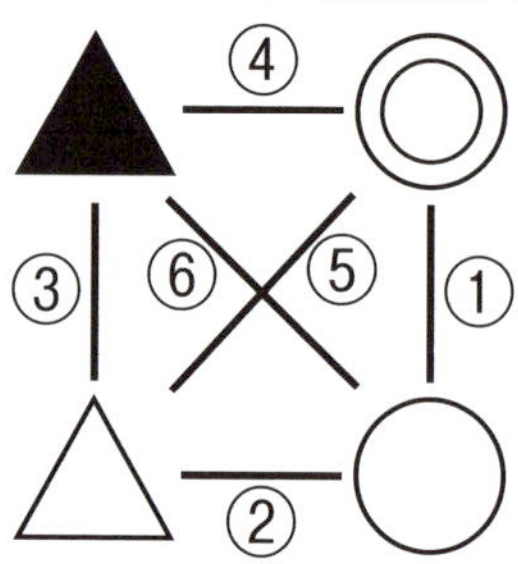

◎－△に加え、○－▲、○－△、▲－△も買うので、６点になります。ＢＯＸは、選んだ馬のすべての組み合わせを買う買い方のこと。

少々、ややこしくなりますが、**“３連複軸１頭流し”**も、「軸馬は必ず中にいる」馬券。つまり、◎を軸に、◎－○－▲、◎－○－△、◎－▲－△の３点となります。

“３連複軸２頭流し”で、軸の２頭を◎と○にしたならば、「軸馬２頭は必ず中にいる」３連複。つまり、◎－○－▲、◎－○－△の２点になる訳です。

これが“３連複４頭ＢＯＸ”になると、◎－○－▲、◎－○－△、◎－▲－△、○－▲－△と、軸不在で、すべての組み合わせの４点を買うことになるのです。

ＢＯＸが何通りになるかは、マークカードにある、点数早見表を参考にして下さい。

流しは青、ＢＯＸは赤のカード(80ページ参照)を使います。

赤のカードには、もうひとつ、**フォーメーション**というのがありますが、これは言ってみれば、“オーダーメイド馬券”。

ランダムに、「１着はこれとこれ、２着はこれとあれ」みたいな感じで、法則無しで選ぶ買い方です。

何点になるかの計算が大変なので、その場合、券売機の画面上右にある、**“フォーメーション点数早見表”**をタッチしてから、マークカードを入れると、「これなら、何点になります」というのを試算してくれます。自分の予算の範囲内かどうか、試してから購入するようにして下さい。

その他のマークカード

青と赤のマークカード（P.80）の塗り方は、『YouTube JRA 競馬初心者講座』で検索してもらうと、JRA Official YouTube チャンネル内の『競馬初心者講座』Part5 と、Part6 で解説しています。

こう塗ると、こうなるというのを、動画と共に説明していて、とてもわかりやすいので、そちらを参考にしてみてください。

無責任と言うなかれ。その動画の監修とナレーションは、何を隠そう、このボクが担当しているのですから(笑)。

Part5　Part6

第１章はここまで。いかがでしたか？

第１章では「この章さえ読めば、予想の入口としての基本事項は、ひと通りわかり、競馬場に行っても十分楽しめますよ」ということを書いてきました。

確かに、数字や記号も多く出てきたかと思います。もし、一度で理解しきれなくても、ぜひ繰り返し読んでみて下さい。

宣伝っぽくなりますが(笑)、この本を電子書籍でもダウンロード購入。常にスマートフォンの中に入れておくのもいいかもしれません。慣れるまでは、教科書を持ち歩くイメージで！

　さぁ、次の第２章では、もう一歩踏み込んだ競馬新聞の見方をお話ししていきます。あなたのレベルが、もう１ランクＵＰすること、請け合いです！

これであなたも競馬通

『オッズ』

　オッズとは、馬券が的中した際に、払い戻しはどれくらいになるかという倍率のことで、時間と共に刻々と変化します。

　その組み合わせに票が入れば、オッズは下がり、他の組み合わせにその分が回るので、他が上がることになります。

　例えば、オッズの低い複勝を何通りも買って、当たったとしても、損してしまうことがあるので、オッズをしっかりチェックして上手く馬券を組み立てましょう。

　なお、オッズはＪＲＡのＨＰや、競馬場、ウインズのモニターに表示されます。

競馬予想の手順例

・このレースはどんなレース？
・芝？　ダート？
・競馬場はどこ？
・右回り？　左回り？
・坂はある？　ない？
・直線は長い？　短い？

↓

・このレースの距離が得意な馬は？

↓

・このレースのコースが得意な馬は？

↓

・逃げるのはどの馬？
展開はどの馬に向く？

第2章

競馬新聞をもっと読む

ここからはさらに深く、競馬新聞を読み解く方法についてお話ししていきたいと思います。
まったくのビギナーでなくても、おそらく「知らなかった…」、「そうだったのか…」ということが、たくさん出てくるかと思います。欠けたパーツを埋めていくような、そんな感覚で読み進めてみて下さい。

競馬新聞を読む前に

競馬はいつ頃から行われているのか。そもそもの成り立ちについて、お話しておきましょう。

馬を競わせること自体は、有史以前からあったと言われますが、今の競馬のもとは、ヨーロッパの貴族たちの“馬自慢”から始まったとされます。

「私の馬は早い」

「いや、私の馬のほうが早いに決まっている」

「じゃあ、どっちが早いか、競走してみようじゃないか」

そして金銭を出し合って、それを着順に応じて分配する方式を**“ステークス”**と言いました。

その名は、今もレース名に残っています。フェブラリーステークス、スプリンターズステークスなどが、それです。

他にも、重賞や特別戦に出走する際には、出走のための事前の登録料が必要なんですが、集まったお金は付加賞（ふかしょう）として、1着、2着、3着の馬に、7：2：1の割合で交付することになっています。これもステークスの名残りと言われています。

現行のように、一定のルールを設け、専用のコースでレースを行うことを**“近代競馬”**と言います。発祥はイギリスで、1540年頃。

それが日本に渡ってきたのは、江戸時代。神奈川県の横浜に外国人居留地が出来、娯楽としての競馬が始まりました。1862年（文久2年）のことです。

ただ、日本の馬にも悲しい歴史がありました。それは軍馬の時代です。

時の政府が、日本の馬の質の低さを嘆き、淘汰のための競馬を推奨。馬産と共に、競馬もあちらこちらで行われていきました。

そして、太平洋戦争が終わり、平和な世の中がやってきます。

「軍馬はもう要らない。でも、競馬を無くすことだけは避けたい」

そう考え、立ち上がった国会議員がいたのでしょう。終戦

これであなたも競馬通

『ブランド品も“馬”』

ヨーロッパの高級ブランドメーカー、エルメスやグッチも、元は馬具屋さん。他にも、馬のロゴをあしらった、昔からの高級品メーカーはたくさんあります。

シャネルのオーナー、ヴェルテメール兄弟も、フランスの大馬主です。

HERMÈS PARIS

CHANEL

から僅か３年後の1948年（昭和23年）、戦後復興で、未だ日本中が大変な時に、競馬法という法律が制定されたのです。

だから、ボクらが今こうして、週末のレジャーとして競馬を楽しめているのは、そういう先達の努力があったからだというのを、ちょっと頭の片隅に置いておきたいものです。

こうして始まった日本の競馬は、国（特殊法人）が運営する**中央競馬**と、各地方自治体が運営する**地方競馬**に分かれ、それぞれに発展していきました。

中央競馬は、ＪＲＡが運営母体となり、原則として土曜、日曜に行われています。

ＪＲＡの競走馬たちが生活をし、レースに向けて調教を積んでいる場所、そこを**トレーニングセンター（通称トレセン）**

1870年秋ごろの横浜競馬場

と言います。

東は茨城県稲敷郡美浦(みほ)村にある美浦トレーニングセンター、西は滋賀県栗東(りっとう)市にある栗東トレーニングセンター。前者に所属する馬を**関東馬**、後者に所属する馬を**関西馬**と呼びます。

東西に**調教師**が、それぞれ約100名ずつ。**厩舎**と呼ばれるそれぞれの拠点を持ち、馬主から競走馬の預託を受け、調教し、レースに出走させます。

これであなたも
競馬通

『クラシック競走』

競馬発祥の地、イギリスでは“Classic Races”と書くように、歴史が長く、格の高い、伝統的なレースのことを指します。

そのイギリスに範をとり、日本では、皐月賞、東京優駿（日本ダービー）、菊花賞に、牝馬限定の桜花賞、優駿牝馬（オークス）を加えた、3歳馬による5つの競走のことを、“クラシック競走”と呼んでいます。

ちなみに、これらのレースは種牡馬や繁殖牝馬の選定競走の意味合いが高く、去勢されたセン馬は出走出来ません。

なお、このクラシック競走に、古馬による春と秋の天皇賞、有馬記念の3つのレースを加えたものを“八大競走”と呼び、重賞の中でも、特に格の高いものとされています。

4月	桜花賞、皐月賞
5月	天皇賞（春）、優駿牝馬、東京優駿
10月	菊花賞、天皇賞（秋）
12月	有馬記念

調教師はすべてを把握、統括し、作戦を立てる、いわゆる“総監督”の立場にいる人。

厩舎のスタッフには、馬の調教をつける**調教助手**と、馬の身の回りの世話をする**厩務員**がいます。調教助手は“コーチ”、厩務員は“マネージャー”のような感じでしょうか。みんながひとつのチームとなって、競走馬をレースに送り出すのです。

レースで馬に騎乗する**ジョッキー（騎手）**は、東西に約70名ほどずつが所属。調教師、馬主からの依頼を受け、東西の垣根を超えて、レースに騎乗するのですが、成績が上がれば騎乗馬も増え、いい馬も回ってきます。しかし、逆もまた真なり。今は海外から、一流のジョッキーも乗りに来ますからね。騎手もまた、競走馬同様、し烈な闘いを強いられているのです。

クリストフ・ルメール騎手

福永祐一騎手

さぁ、そんな競馬に、もう一歩踏み込んでみましょう。

「これさえわかれば、競馬の予想が立てられて、自分でマークカードを塗って、馬券が買えるようになりますョ」

第1章では、そんな導入部をお話してきました。

それで予想が楽しくなると、あなたは必ず、もっと深い部分を知りたくなります。それこそが、知的好奇心(笑)。

第2章では、あなたのそんな思いに応えるべく、やや掘り下げた話をしていきたいと思っています。

専門用語もわかりやすく解説します。どうぞ、しっかりとついて来て下さいね。

これであなたも
競馬通

『ハロン棒』

競馬場のコースの、埒(らち)の内側に、2とか4とか、偶数の書かれた標識が立っています。

あれは、ハロン棒と言って、1F(ハロン)=200m置きに置かれていて、2ならゴールまであと200m、4なら400mということを表しています。

馬の年齢について

“２歳”“３歳”や、“３歳以上”“４歳以上”などの、年齢表記についてお話しておきましょう。

まず、産まれた時は“当歳（０歳）”と言い、誕生日に関係なく年が明けると１歳になります。

そこから育成を経て、早い馬は、２歳の６月からデビューします。

３歳の５月末（または６月あたま）に、日本ダービーが行われますが、この日本ダービーが終わると、新たな世代の２歳馬たちがデビュー。２歳馬たちは、年末まで、２歳馬同士で走ります。

また年が明けると、誕生日に関係なく、すべての馬が１つ歳を重ねます。２歳馬は、３歳馬になるわけです。

で、３歳の５月末（６月あたま）に日本ダービーがある。日本ダービーが終わると、また新たな２歳世代がデビューしてくる…。

その時、３歳馬はどうなるのかというと、それまで“４歳以上”の括りで走っていた、お兄さん、お姉さんと一緒に、“３歳以上”の括りで走ることになるんですね。

つまり、６月から 12 月までは、“２歳”と“３歳以上”（未勝利戦は３歳のみ）で。１月から５月末までは、“３歳”と“４

歳以上”で走ることになります。

これを半年タームで繰り返しているんですね。

ちなみに、日本ダービーの頃の３歳馬は、人間で言うと、高校２年生から３年生。高校野球で甲子園を湧かした高校球児が、プロに入って即通用する例を考えれば、３歳馬が４歳以上の馬に混じっても“やれる”ということなのでしょう。

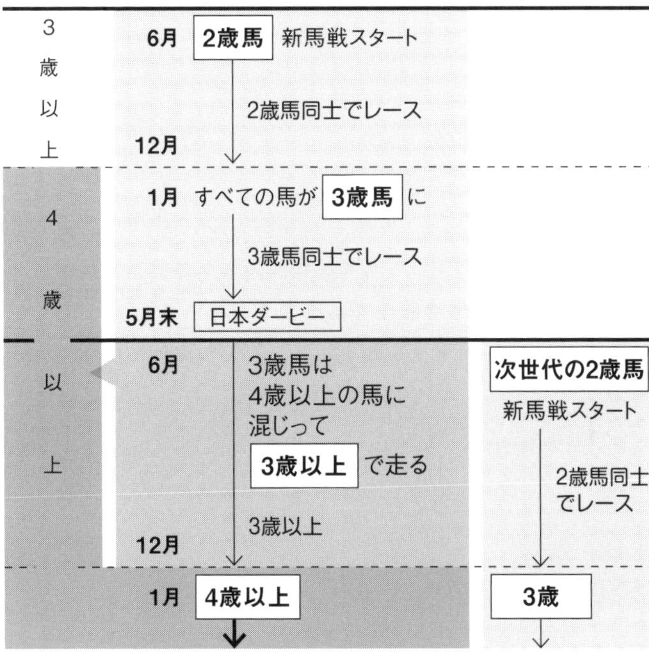

半年タームでぐるぐると繰り返す。

6月〜12月	**2歳**と**3歳以上**（未勝利戦は3歳のみ）
1月〜5月末	**3歳**と**4歳以上**

馬柱の見方

「馬柱」は競馬新聞の出馬表にある、１頭の馬についての縦一列の表記です。

競馬新聞を開いた時、競馬初心者がまず感じるのは、「何だ、この数字に記号は…。わけわからん」

確かに(笑)。でも、１コマがわかれば、縦一列が。縦一列がわかれば、横にダーッと、すべてが理解出来るのです。

まずは、その馬柱に何が書いてあるのか。上から順に見ていきたいと思います。「ここにはこういうことが書いてあるんだ」ということだけ、把握しておいて下さい。

１頭の馬柱にはこれだけの情報が

〔枠〕 ９頭以上出走した際、８つの枠に分けます。

〔馬番〕 それぞれに与えられた馬固有の番号。

〔馬名〕 カタカナ２～９文字で。

〔父〕 馬名の右側に。

〔母〕 馬名の左側に。

▶▶▶▶ 2019年10月27日東京11レース天皇賞・秋に出走したアーモンドアイの馬柱

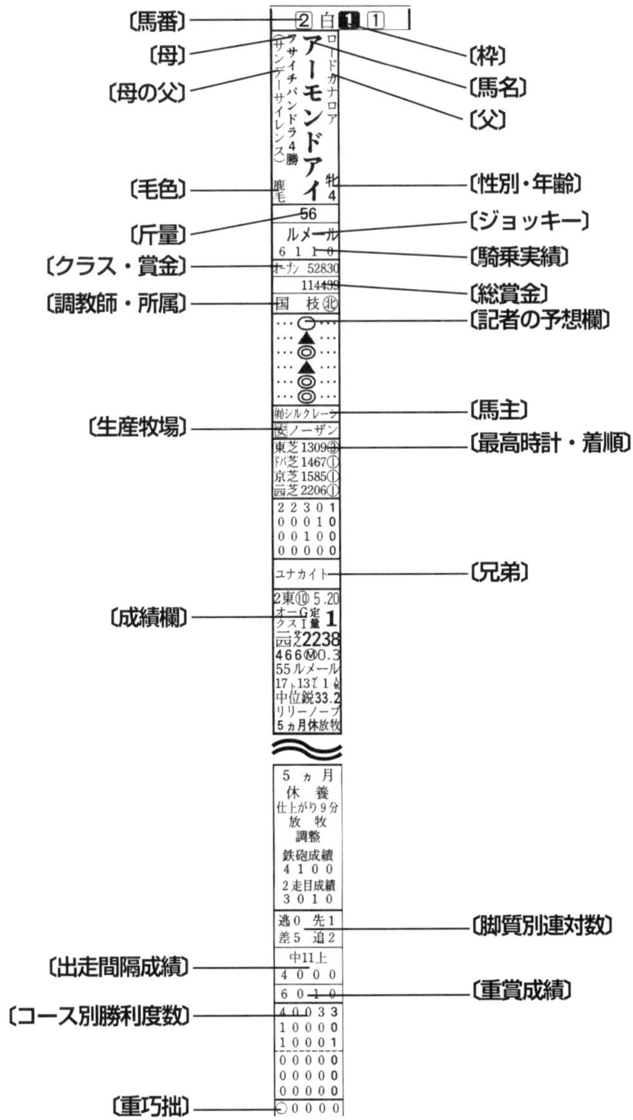

〔母の父〕 カッコの中に。血統は重要です。

〔性別・年齢〕 牡、牝、センとあり、セン馬は去勢(きょせい)を施された馬のこと。成長の早い馬は２歳の６月にデビュー。早熟な馬もいれば、大器晩成な馬などいろいろとありますが、一般に“サラブレッドは４歳の秋に完成する”と言われます。

〔毛色〕 栗毛（くりげ）、栃栗毛（とちくりげ）、鹿毛（かげ）、黒鹿毛（くろかげ）、青鹿毛（あおかげ）、青毛（あおげ）、芦毛（あしげ）、白毛（しろげ）の全８色。(174ページ参照)

〔斤量(きんりょう)〕 競走馬が背負わなければならない重量。騎手の体重、プロテクター、鞍(くら)の重さなどが含まれます。「負担重量」とも言います。

〔ジョッキー〕 騎手名。前走時から、別の騎手に乗り替わった時には、名前の横に“替”の文字が付きます。

〔騎乗実績〕 この騎手がこの馬に騎乗した時の成績。数字が４つ、横に並んでいる時は、左から１着、２着、３着、４着以下の回数です。

〔クラス・賞金〕 所属するクラスと、クラス分けのための賞金。

〔総賞金〕 この馬がこれまでに稼いだ賞金。

〔調教師・所属〕 調教師名と、東西の別。美浦は南北に所属が分かれていて、南、北とあれば関東、栗とあれば関西。

〔記者の予想欄〕 ◎○▲など、全体を見れば、そのレースの人気の分布が把握できます。

〔馬主〕 オーナーの名前。

〔生産牧場〕 繁殖牝馬（母馬）を持ち、この馬を生産した牧場または人名。

これであなたも
競馬通

『去勢の意味』

あまりに気が荒かったり、レースに集中しない馬は、睾丸を抜く手術を施します。これを去勢と言います。

去勢された馬は、セン馬と呼ばれ、斤量面などは牡馬と同じですが、繁殖が出来ないため、クラシック競走を含む、2、3歳限定のＧⅠなど、選定競走の意味を持つレースには出走出来なくなります。

去勢をすると、人間に従順になるとも言われ、乗用馬に転じる際、牡馬のほとんどが去勢手術を施されます。

〔最高時計・着順〕 この馬が、その条件を走った時の、最も速いタイムと着順。**“持ち時計”**とも言います。

〔兄弟〕 サラブレッドは、母が同じ時に兄弟姉妹と言い、父も同じだと“全”、異なると“半”の字を付け、全兄（ぜんけい）、半妹（はんまい）のように使います。

〔成績欄〕 近何走かの成績が細かく書かれています。中身は後で詳しく説明します。

〔脚質別連対数〕 **連対**とは**2着までに入ること**。逃げ、先行、差し、追い込み、どんな戦法で2着までに入ったかの数。

〔出走間隔成績〕 いわゆる**“ローテーション”**。今回は前走からどれぐらい間が空いていて、その時の成績はどうかを記載。

〔重賞成績〕 重賞に出走した際の成績。

〔コース別勝利度数〕 右回り、左回り、個別のコースでの成績。この新聞では、重賞レースは1～5着、6着以下の回数で表記。

〔重巧拙（おもこうせつ）〕 芝またはダートコースの、馬場が渋って悪化した際の成績。

縦１列の「馬柱」には、これらのことが記載されているのです。

この後、〔成績欄〕の中を細かく見ていきますので、それを読むと、「馬柱」の項目がより理解出来るはずです。

これであなたも
競馬通

『負担重量』

出走馬は、レースによって負担重量が決められています。その種類は４つ。馬齢(ばれい)重量、別定(べってい)、定量(ていりょう)、ハンデキャップとあります。

馬齢重量は、２歳と３歳の時に、同一年齢の馬だけのレースで使われるもの。その年齢の、時期と性別によって定められています。

別定は、レース“別”に基準が“定”められているもの。基本となる重量に、収得賞金や重賞勝ちの実績によって負担重量が増やされます。

定量は、馬の年齢と性別で負担重量が定められているもの。概ね、牝馬は牡馬より２キロ軽くなります。

ハンデキャップは、ＪＲＡのハンデキャッパーが、その馬の実績や最近の状態を考慮して、負担重量を決めるもの。ゴール前では、すべての馬が横一線でゴールインすることを目指して、ハンデを決めると言われます。

成績欄の見方

それでは、「成績欄」の中を見ていきたいと思います。

いくつか並んだ同じような箱。この小さな四角い箱の中には、かなりの量のデータが収められています。

一番下が、最も新しいレース。上に上がるに従って、古いレースになっていきます。つまり、一番下が前走、下から２つめが前々走、３走前、４走前…となっています。

それでは、箱の中を順に詳しく見ていきましょう。

これも 2019 年 10 月 27 日（日）、「天皇賞・秋」の新聞から１枠２番アーモンドアイの前走です。まずは一番上の段から見ていきましょう。

１段目

〔開催・競馬場・開催日・日付〕
３東② 6.2

「3 回 東京２日目６月２日」と読みます。

どこの競馬場の、何開催目の、何日目か。

開催というのは、原則土日、４週８日で１開催。ただし、2007 年の競馬法施行規制の改正により、１開催最大 12 日まで、設定が可能となりました。年の始めの金杯や、３連休の時の月曜日開催などもあります。

2019年10月27日東京11レース天皇賞・秋
1枠2番アーモンドアイの前走成績

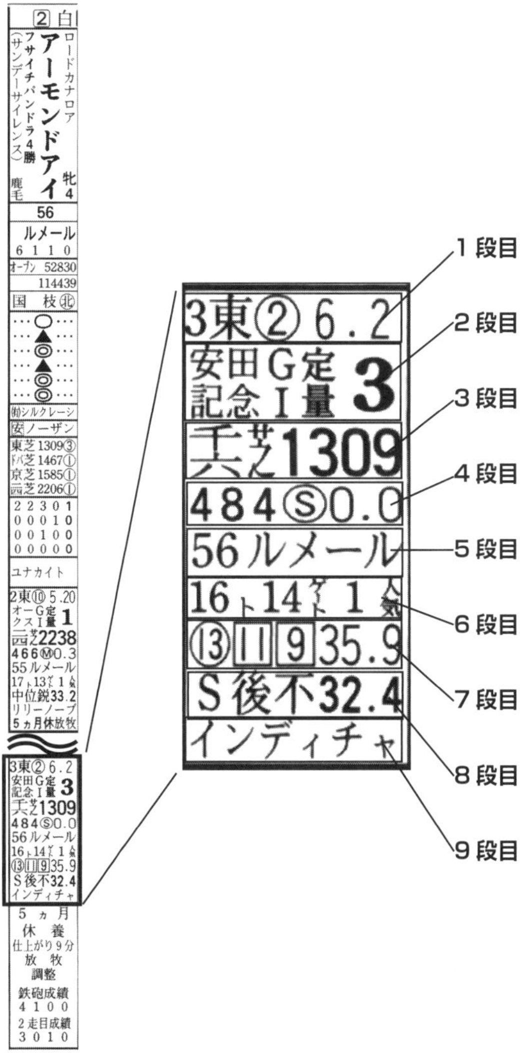

②白
ロードカナロア
アーモンドアイ
フサイチパンドラ4勝
(サンデーサイレンス)
牝4
鹿毛
56
ルメール
6 1 1 0
オープン 52830
114439
国 枝 北
シルクレーシ
ノーザン
東芝 1309③
ドバ芝 1467①
京芝 1585①
芝 2206①
2 2 3 0 1
0 0 0 1 0
0 0 1 0 0
0 0 0 0 0
ユナカイト
2東⑩ 5.20
オークス GI 定量 1
芝2238
466Ⓜ0.3
55ルメール
17ト13ゲ1人気
中位鋭33.2
リリーノーブ
5ヵ月休放牧
3東② 6.2
安田記念 GI 定量 3
芝1309
484Ⓢ0.0
56ルメール
16ト14ゲ1人気
⑬⑪⑨35.9
S後不32.4
インディチャ
5ヵ月
休養
仕上がり9分
放牧
調整
鉄砲成績
4 1 0 0
2走目成績
3 0 1 0
1段目
2段目
3段目
4段目
5段目
6段目
7段目
8段目
9段目

なお、1年間の延べ開催日数は、288日と定められています。

競馬場の表記は、東＝東京、中＝中山、京＝京都、阪＝阪神、札＝札幌、函＝函館、新＝新潟、福＝福島、中京(名)＝中京、小＝小倉。

どこの競馬場でのレースだったのか。第1章でも述べたように、右回り、左回り、直線の長短、坂の有無。重要な予想のファクターです。

“○日目”の数字が、様々な形で括られてますよね。この形は馬場状態を表します。

○良

□稍重（ややおも）

●重

■不良

この安田記念は2日目の「2」が○で括られているので、良馬場で行われたということです。日本の競馬は、下記の4段階で馬場状態を表し、より明確にするため、ＪＲＡでは2018年7月から、ゴール前と4コーナーの含水率（がんすい）も発表しています。

良	馬場が乾いた状態
稍重	少し湿っていて、踏みしめるとややへコむ状態
重	湿っていて、踏みしめると水が染み出る状態
不良	表面に水が浮いている状態

考えてみて下さい。芝は良馬場が走りやすく、水分を含めば含むほど、走りづらくなりますよね。

では、ダートはどうか？　ダートの良馬場は、真夏のピーカンの日の、海水浴場の海の家の前のイメージです。砂の上をビーチサンダルで歩くのに、かなり力が要りませんか？

稍重は、波打ち際で、たまに波が届くあたり。

重は、頻繁に波が来て、サーッと引いた後の部分。

不良は、ギリギリ海に足を踏み入れちゃったって感じでしょうか。

これであなたも
競馬通

『蹄の形状』

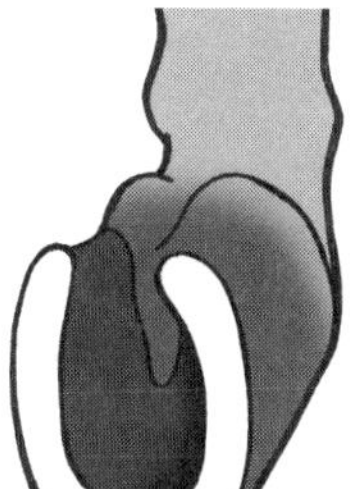

重の巧拙には、蹄＝ツメの形も関係すると言われます。

馬場が渋って、下が緩くても、お椀のように蹄底が深いと、ズボッと入って地面を捕らえますが、お皿のように浅いと、上滑りをしてしまいます。これを“ノメる”とも表現します。

重の巧拙には遺伝的部分や走り方（跳びの大きさ）も関係するようですが、一口にどの馬の産駒が絶対に重巧者とは言えないのと、さすがにツメの形までは競馬新聞にも載っていません(笑)。馬場が悪い時は、重馬場実績の欄や、厩舎コメントをチェックするようにしてみて下さい。

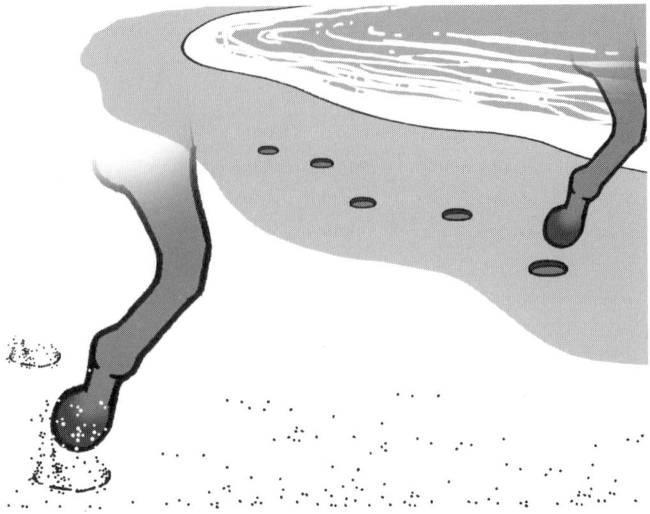

そう、ダートの場合は、稍重や重のほうが、砂が締まって走りやすくなる分、**タイムが速くなる**。

逆に、良は力の要るダート。**時計は掛かる**と思って下さい。

ダートが、稍重や重の時、予想に威力を発揮するのが、**“持ち時計”**。そう、最高タイムです。馬柱にありましたよね。左から、○分○秒○。また、この持ち時計は、その馬の“絶対能力”の基準にもなります。参考にしてみて下さい。

「馬柱」で触れましたが、芝もダートも、重の巧拙については、馬柱の下のほうに記載がありましたよね。雨の日は、そこのチェックも忘れずに。

2段目

〔条件・レース名〕安田記念　ＧⅠ

そのレースのクラスまたは、重賞や特別戦の場合、レース名、レースの格が書かれています。

〔着順〕3＝3着

そのレースで何着だったか。最も目立つ数字で書かれています。

3段目

〔距離〕千六＝1600m

ＪＲＡの平地の競走は、1000〜3600ｍで行われます。

一般的には1400ｍ以下を短距離、1600ｍはマイル、それ

これであなたも競馬通

『重賞2着の賞金加算』

クラス分けのための賞金を収得賞金と言い、勝てば一定額が加算され、それを積み重ねて、オープンクラスを目指すのですが、重賞だけは2着馬にも本賞金の半分が加算されます。

例えば、1度しか勝っていない馬は、本来1勝クラスに所属するのですが、2歳や3歳の早い時期に重賞にチャレンジして2着になると、収得賞金が増えて、クラスが上がります。

何度も重賞2着を繰り返すと、1勝馬なのにオープン馬なんてことも起こり得るのです。

競馬新聞をもっと読む

より長いと中距離、中長距離、長距離とざっくり分けていて、短距離が得意な馬を**スプリンター**、1600 mが得意な馬を**マイラー**、長距離が得意な馬を**ステイヤー**と呼びます。

実は、国際基準の距離区分があって、ＪＲＡも『**ＳＭＩＬＥ（スマイル）**』と呼ばれる、以下のような区分を採用しているんですね。

S：スプリント 1000 ～ 1300 m
M：マイル 1301 ～ 1899 m
I：インターミディテイト 1900 ～ 2100 m
L：ロング 2101 ～ 2700 m
E：エクステンディッド 2701 m～

こちらも第１章で述べたように、競走馬には距離の適性があります。

「このレースは何mだから好走できた」。逆に「何mだから凡走した」。

距離もまた、重要な予想のファクターなのです。

〔芝またはダート〕芝

基本的に馬によって芝とダートへの適性が異なります。もちろん、芝もダートも成績が良いような馬もいますが、適性は血統によるところが大きいようです。

芝のレースが主流のヨーロッパ馬の血と、ダートのレースが主流のアメリカ馬の血とでは、子の適性に差が出やすいよ

競馬新聞をもっと読む

うにも感じます。

例えば、芝ばかり走ってきた馬が、初めてダートを走る時、父や、母の父がどんな血統か。ダート巧者の血なら、芝での近走成績を度外視して、人気薄でも狙ってみると面白そうですよね。

4中②9.8	4中⑦9.22
2勝㊋2	オールカーG II 別定1
千六ダ1535	三外2120
464Ⓜ0.1	442Ⓢ0.3
57北村宏	56丸　山
15ト14ダト2人気	10ト9ダト4人気
8 9 4 38.9	1 1 1 36.6
中位伸37.0	逃切る34.0
Bリフトトゥ	ミッキースワ

距離を示す漢数字の脇に、ダと書いてあればダート。何も書いていなければ芝です。

これであなたも
競馬通

『鉄砲』

鉄砲とは、比較的長期の休養明けでレースを使うことを指します。

競馬新聞では、3ヶ月以上休んだ馬の成績欄を1コマ使って、休養期間とその理由、原因を表記。休み明けと、続く2走目で、どんな成績を残してきたも書かれていて、休み明け初戦で好走する馬を“鉄砲が利く”、“鉄砲駆けする”と言います。

鉄砲という言葉の由来には諸説ありますが、昔は、休んでボーッとしている馬に、竹鉄砲に詰めたお茶の葉をポンと飲ませてやると、カフェインの作用で馬がシャキッとしたというのが有力な説。今はカフェインは禁止薬物ですから、お茶の葉の使用はもちろん禁じられています。

〔タイム〕1 30 9
→1分30秒9

このレースの走破タイム。同じ競馬場、同じ距離での、他馬との比較対照にも使えます。

4段目

〔馬体重〕484キロ

競走馬の体重です。小さな馬は300キロ台半ばから、大きな馬は600キロを超える馬もいます。

競走馬の体重は、小柄な人の10倍ぐらいだと思って下さい。もし、500キロの馬が、プラス4キロで出走してきたとしたら、50キロの人間に換算すると、400グラム増。朝、体重計に乗って、400グラム増えていたとしても、そんなに気にしませんよね。

でも、その馬がプラス18キロで出てきたら？　人間の体重に換算すると、1.8キロ増です。「最近、ちょっと食べ過ぎかも…」。ましてや、競走馬はアスリートですからね。

逆に、大幅なマイナス体重も然り。ダイエットで、太めを解消したのならＯＫですが、心配事で食事が喉を通らないなんて状態だと、レースどころじゃありませんよね。“ガレる”“腹が巻き上がる”などと呼ばれ、マイナス要因となることも。

このように馬体重の増減が、走りに影響を及ぼす場合があります。一概に、何キロ増えたらダメ、何キロ減ったらダメというのはありませんが、過去にその馬が好走していた時の体重と比較して、大きく違っていたら、ちょっと立ち止まって考えてみるのがいいかもしれません。

ちなみに当日の馬体重は、レース発走の約1時間前に発表されます。競馬場のモニターや、ＪＲＡのホームページなどでチェックして下さい。

これであなたも競馬通

『武豊（たけゆたか）』

日本を代表するトップジョッキー。1969年3月15日生まれ。

競馬に詳しくなくても、「武豊の名前は知っている」という人は多いはず。

1987年のデビュー以来、数々の記録を、“史上最速”、“最年少”などの言葉と共に塗り替え、“天才”の名をほしいままにしてきました。

これまでに国内外のＧⅠ勝利は100勝以上。2018年には、前人未到のＪＲＡ通算4000勝を達成しています。

これまた知名度は全国区の競走馬、ディープインパクトとのコンビはつとに有名で、ディープインパクトの現役時代、全14戦すべてに騎乗。この稀代の名馬の走り、背中の感触は、武豊騎手だけしか知り得ないもの。

ディープインパクトの走りをして、「空を飛んでいるよう」と言わしめたのは、有名なエピソードです。

〔ペース〕 ⓢ＝スロー

レースの流れです。

H（ハイ）：早い
M（ミドル）：普通
S（スロー）：遅い

新聞によっては、ＨＨ（超ハイ）、ＳＳ（超スロー）などの表記もあります。

一般に、**ハイペースは差し、追い込み馬に、スローペースは逃げ、先行馬に向く**と言われます。

〔タイム差〕 0.0=0 秒 0

勝った時には２着馬との、負けた時には勝った馬とのタイム差（秒）が書かれています。

新聞によっては、"○馬身差" の数字だけが書かれているものも。

１馬身とは、前の馬のお尻の部分に、次の馬の鼻先がある時に言う着差。お腹のあたりなら半（1/2）馬身、他にも3/4、1/4、クビ、アタマ、ハナなどで示します。

ちなみに、"１秒＝６馬身" と言われます。つまり、**１馬身は 0.16666…秒**。イメージするために **"１馬身＝約 0.2 秒"** という物差しを置いておくことをお薦めします。

これ、後で予想に威力を発揮します。覚えておいて下さい。

5段目

〔斤量〕56=56キロ

馬柱のところで触れましたが、競走馬が背負う負担重量のこと。

例えば、57キロで騎乗しなくてはならない時、規定の重量に足りない場合は、100グラム単位の鉛の板で調整します。

重さの影響は、**“1キロ＝1馬身”**と言われます。500グラムで半馬身、ハナ差の接戦なんかは100グラムで替わるかもしれません。ゆえに、公正競馬の観点から、負担重量は精密な体重計で、厳密に計ることになっています。

〔ジョッキー〕ルメール＝クリストフ・ルメール騎手

そのレースで騎乗した騎手の名前が書かれています。

6段目

〔頭数〕16ト=16頭

最多で18頭立て。出馬投票の際に、最低5頭出走しないとレースは成立しません。

〔枠〕14ゲート=7枠14番

抽選で割り振られます。

基本、枠の内、外による有利不利は無いとされますが、特定の競馬場の、特定の距離にだけ、**“外枠が不利”**とされるものがあります。それは、**東京芝2000m**と、**中山芝1600m**。

この2つは、スタートしてすぐにコーナーを迎えるので、外枠の馬は、内枠の馬と比べ、外、外を回る分、不利とされるんですね。

イメージしてみて下さい。運動会の徒競走で、“第6のコース”は“第1のコース”より、スタート地点が前にありますよね。でも、円周の内と外で考えたら、あれで同じ距離を走ることになる。

でも競馬では、階段式のゲートなんて作れませんから、“第6のコース”も、“第1のコース”と同じ並びのところからスタートしなければなりません。余計に距離を走らないといけないのですから、確かに不利ですよね。

東京芝2000ｍのＧＩ、秋の天皇賞で「内の馬がよく来る」なんてデータは、枠順によるものが大きかったりもするようです。

〔人気〕 1人気＝単勝1番人気

単勝の支持率が、何番目に高かったかを示します。

7段目

〔通過順〕 ⑬11 9

第1章で話した**“脚質”**を示す数字です。

左から順に、2コーナー、3コーナー、4コーナーの位置取り。前から何番目にいたかを表します。

この数字が□以外の、○や何かで括られていたら、それは何らかの**「不利があった」**ということ。左の13が○で括られています。このように一番左が○なら、「出遅れた」「スタート直後に挟まれた」、一番右が□以外なら、最後の直線で「前が狭くなった」などのアクシデントがあったと思って下さい。

〔前半の通過タイム〕35.9=35秒9

1F（ハロン）は200m。これは最初の3F、つまり、スタートしてから600mの通過タイムです。これを**“テンの3F”**と言い、スタートダッシュが速いか、遅いかを示します。

8段目

〔短評〕S後不＝スタート直後に不利があった

この馬のレース内容を、簡潔に表したもの。

これであなたも 競馬通

『出馬投票』

レースに出走するために必要な、最終的な申し込みのこと。

通常は、レース当該週の木曜日の15時に、ＧⅠレースは14時に締め切られます。

その後、公開抽選などが行われる一部のＧⅠ競走を除き、コンピューターによる抽選で馬番号（枠順）を決定。

出馬投票馬の数が、出走可能頭数を上回った際も、コンピューターが自動的に、抽選で出走馬を決定しています。

〔後半の通過タイム〕32.4=32秒4

下のこちらは、逆にゴールまで3Fの、最後の600mを何秒で走ったかが書かれていて、これを**“上がりの3F”**と言います。

ここが太字になっているのは「最後の600mを、メンバー中最も速く駆け抜けてきた」ということを表しており、それを**“上がり最速”**などと言います。

最速の上がりを何回も繰り返している馬は、**「ゴール前、確実に差を詰めて来る」**ということですから、展開を読んで、ペースが速くなりそうだと思ったら、真っ先にピックアップすべき1頭となります。

9段目

〔1着馬または2着馬の名前〕
インディチャ＝インディチャンプ

自身が勝った時は2着の馬の名前が、負けた時は勝った馬の名前が入ります。安田記念を勝ったのはインディチャンプです。

「こんな馬と接戦してたのか」とか、「この馬を負かしているのか」など、レベルを計る物差しにもなります。

この小さな箱の中には、これだけのことが書かれているんですョ。すごいでしょ。

成績欄はデータの宝庫です。隅々まで、しっかりチェックをすることで、予想の精度を上げていくことが出来ます。ぜひ、活用して下さい！

これであなたも
競馬通

『障害競走』

障害競走はジャンプレースとも呼ばれ、札幌、函館を除く、全国8つの競馬場で実施されています。

最も注目を集めるレースは、中山競馬場で行われる2つのジャンプのＧⅠ競走（Ｊ-ＧⅠ）、中山グランドジャンプと中山大障害でしょう。

4月の中山グランドジャンプは芝4250ｍで、12月の中山大障害は芝4100ｍで争われ、この2つのレースでのみ使用されるのが、大障害コース。高さ160cm、幅205cmの大竹柵（おおちくさく）、高さ160cm、幅240cm、生垣（いけがき）の高さも140cmの大生垣、下って上るバンケットなど、難易度の高い障害が設置されていて、完走した馬には、場内から惜しみない拍手と大歓声が贈られます。

ぜひ、現地で体感してみて下さい。

減量騎手とは？

斤量（負担重量）が与える影響は大きく、おおむね１キロ =1 馬身。「減量騎手を狙え」というのも大切な馬券戦術のひとつになるんですね。

減量騎手とは騎手免許取得期間が５年未満で、勝利度数が 100 回以下の騎手を“見習い騎手”と呼び、負担重量を減量するというルールがあります。

馬主の立場になればわかる話で、自分の馬には、経験豊富な上手いジョッキーに乗ってもらいたいもの。でも、そうなると、キャリアの浅い若手の騎手には馬が回って来ず、いつまで経っても経験が積めないことに。

そうならないために、騎手免許取得期間が５年未満の男性騎手で、０勝～ 30 勝以下の騎手には、斤量の左に▲を付けて３キロ減。31 勝以上～ 50 勝以下の騎手は△で２キロ減。51 勝以上～ 100 勝以下の騎手は☆で１キロ減と、負担重量を減量します。

おおむね“１キロ＝１馬身”なら、▲で３キロ軽くなれば、３馬身のアドバンテージをもらったようなもの。これはかなり大きいと言えるでしょう。

ちなみに、101 勝以上、またはデビューから６年目以降は、減量の恩恵はなくなります。

また、2019年の３月から、女性騎手の負担重量が永続的に減量されることになりました。

免許取得期間が５年未満で、50勝以下は★で４キロ減。51勝以上～100勝以下は▲で３キロ減。101勝以上、デビュー６年目以降も、◇で２キロ減が続きます。次のページに一覧表を付けたので、確認してみてください。

なお、この減量ルールは、レースに名前の付いていない一般競走が対象。重賞や特別競走では適用されません。

男性騎手においては、「星（減量の印）が無くなってからが、ジョッキーとしての本当の勝負！」とも言われています。

これであなたも
競馬通

『直線の長短』

車の免許を持っている人ならわかると思いますが、カーブを曲がる時にアクセルを思い切り踏んだら、遠心力で外へ吹っ飛ばされてしまいますよね。コーナーは“スロー・イン、ファスト・アウト”が基本。

馬も然りで、コーナーではやや減速して、コーナーを回り切ってから、アクセルを踏み込みます。

直線が長ければ、後ろから行く馬は、前の馬を捕らえやすく、逆に直線が短ければ、前の馬が粘り込みやすい。

一般的には、そう考えて、レースの予想に臨みます。

見習騎手の減量記号

区分	印	勝利度数	減ずる重量
男性騎手	▲	30回以下	3kg
	△	31回以上 50回以下	2kg
	☆	51回以上 100回以下	1kg
女性騎手	★	50回以下	4kg
	▲	51回以上 100回以下	3kg
	◇	101回以上	2kg

6 11
スズカコーズウェイ
地 スズカユース 牝3
ユメザンマイ公営
(フジキセキ)
栗毛
☆52
替 菊沢
0002
4 7
ハーツクライ
ヴォウジラール 牡4
レジェンドトレイル未出走
(フレンチデピュティ)
鹿毛
△55
替 木幡育
0000
5 9
ローズキングダム
ララケリア 牝3
ファミッリア1勝
(ホーリーブル)
栗毛
▲50
替 団野
0000

藤田菜七子騎手

第3章

長谷川流 パドックの見方

レースの前日までに、競馬新聞とにらめっこ(笑)。あらかたの予想が出来たところで、レース当日に競馬場へと向かいます。
たくさんのファンの熱気に包まれた競馬場で、レース前にまず足を運びたいのが、パドックでしょう。
でも、「馬のどこを見たらいいの?」、「全部同じに見える」。パドックで、よく耳にする言葉です。
人によって、パドックの見方は様々ですが、ここでは、ボクがパドックで馬を見るポイントをお話ししていきます。

長谷川流 パドックの見方

競馬新聞に何が書いてあるかが、だいぶわかったところで、競馬場に行ったら、まず足を運びたいのが、**パドック**です。

パドックは“下見所（したみじょ）”とも呼ばれ、出走する馬たちが、「今日はこんな状態でレースに出ますョ」というのを、お客さんにお披露目する場所。

出走馬たちは、レース発走時刻の30分前に、パドックに登場します。

馬の歩き方で、馬の状態の良さを推し量る。そのために、まずは馬の走る仕組み、体の構造を知りましょう。

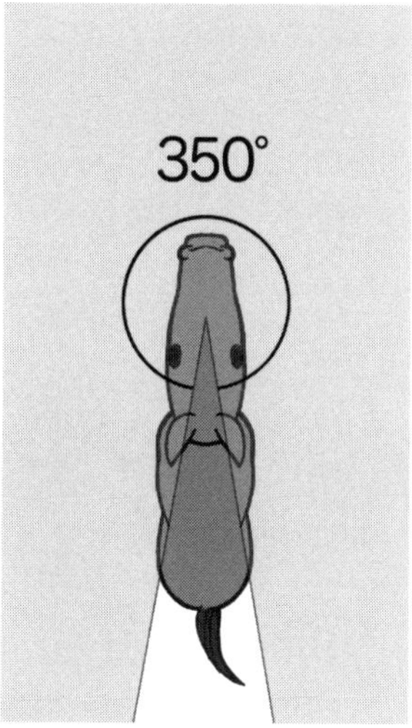

馬は草食動物です。天敵である肉食動物から身を守るため、首の後ろ以外、350°視野があります。

お腹の中は、ほぼほぼ腸。その長さは30 mもあると言われます。腸の中の菌の力を借りて、ゆっくり、ゆっくりと食べ物を消化、栄養分を吸収していきます。その長い腸が捻(ねじ)れないよう、背骨がお腹を守っています。そう、馬の背中は曲がりません。多少は動きますョ。でも、基本的に馬の背中は曲がらないのです。

猫やヒョウ、チーターなどは、背中を曲げて走りますよね。テレビなどで、背中を山のように、ぐーっとしならせて、獲物を追う姿を、スローモーションで見たことがありませんか？　あれは体の伸縮で走っているのです。

では、背中が曲がらない馬は何で走るかというと、前肢(ぜんし)と後肢(こうし)の可動域で走っているのです。

後ろ脚全体を**“トモ脚”**と言い、中でも、お尻のあたりを“トモ”と言います。ここが馬のエンジン部分。トモ脚でバーンと蹴った力を、前脚の２本が、パパンと受ける。

前脚の前ひざの下に、屈腱(くっけん)という腱が入っています。屈腱

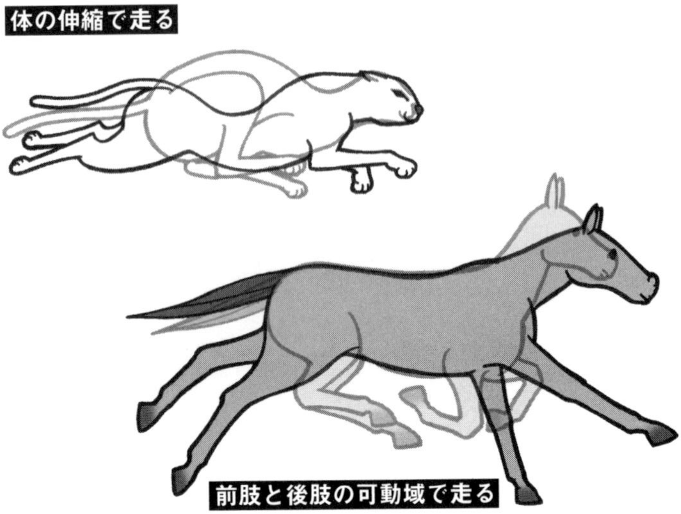

を人間の何かで例えるとしたなら、棒高跳びの棒（バー）でしょうか。棒高跳びは、バーがしなって、スピードを高さに換えるから、人間があんなに高く跳べるわけですよね。

同様に、馬が後ろ脚で蹴った力を、前脚の屈腱がしなることで、さらに増幅させて前に進む。その際、馬は首をグイッと前に出しながら走ります。

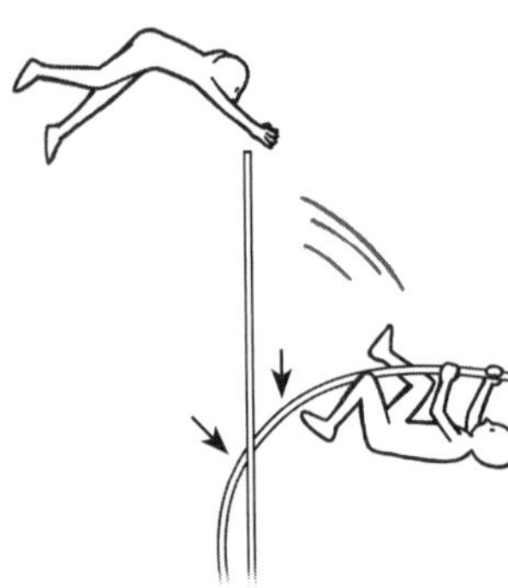

これが馬の走る仕組みです。イメージ出来ますか？

そして、一完歩（いちかんぽ）、一完歩、ストライドが大きいことを、**「踏み込みが深い」**と言います。

これが、体の柔らかさを表す、ひとつのポイントにもなるんですね。

ラグビーの選手だろうが、レスリングの選手だろうが、体

これであなたも
競馬通

『歯槽間縁（しそうかんえん）』

馬には、前歯である切歯（せっし）と、奥歯である臼歯（きゅうし）の間に歯の無い隙間があって、ここを歯槽間縁と言います。

大昔の人は考えました。「ここに棒を咬ませて、両端に紐を付けたなら、馬は操縦出来るじゃないか」と。これがハミの発明、発見です。

それからというもの、人が馬を使っての、輸送の量、速さは、飛躍的に進歩しました。

同時に、情報伝達の速度と量も、当時において、中世の活版印刷、現代のインターネットと同じくらいの影響があったと言われています。

何のためにあるのか、未だにその理由がはっきりとはわからない歯槽間縁。さらに、馬は背中が曲がらないから、人が乗りやすい。

有馬記念などを勝ったオルフェーヴルやサトノダイヤモンドといった名馬を管理した、池江泰寿調教師は、「馬は、神様が人間にプレゼントしてくれた動物だと思う」と。車が発明される以前、馬は大切な乗りものだったわけで、確かに、それも納得ですよね。

の大きなアスリートであっても、体が硬くて成功した例は、ほとんど聞いたことがありません。

競走馬も体が柔らかいほうがいい。もちろん踏み込みだけで、すべてがわかるわけではないのですが、ボクらがパドックを見る際の、ひとつの大切なポイントにはなります。

逆に、完歩の小さな馬を、「踏み込みが浅い」「硬い」と言います。

では、具体的にどこを、どう見るのか。ボクは次のことを推奨しています。

「**右前脚が着いたところを、右後ろ脚が超えていく**。そんな馬を探しましょう」

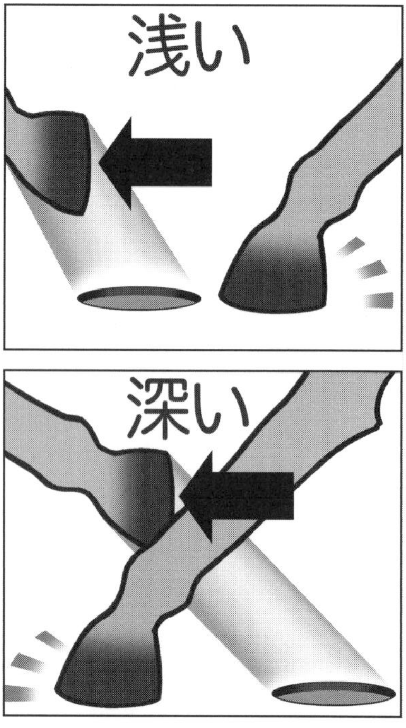

まさに、完歩の大きさ、踏み込みの深さを見るということです。

パドックでは、周囲の足元に花が植えられていたりします。

例えば、右前脚が、白と赤の植え込みの境に着いたと。その位置を覚えておいて、じゃ、

後ろ脚がそこを超えるかどうかを見る。

あるいは、ボロと呼ばれる馬糞で下が汚れていたなら、その地面の汚れを目印にしてもいいでしょう。手前で見るなら、前のオジサンの帽子を目印にしても(笑)。

超えれば“深い”、超えなければ“浅い”“硬い”。

これであなたも
競馬通

『はなみち』

パドックで周回を終えた馬は、馬場と直結する地下馬道を通ってコースに出ていくのですが、函館と中山には“はなみち”と呼ばれる地上の通路があり、レース直前の人馬や、レースを終えた直後の馬を間近で見ることが出来ます。

特に、これからレースに向かう騎手の表情や、気合いの乗った馬の姿は、レースのワクワク感をより高めてくれます。

ちなみに、中山の“はなみち”は、有馬記念にちなんで、“グランプリロード”と名付けられています。

馬の脚が４本、引く人間の足が、ひとりなら２本、ふたりなら４本。それが一緒に動いているので、初めはわかりづらいと思います。

でも、右脚だけ見て、「前、後ろ、前、後ろ…」と、頭の中でリズムを取りながら見ているうちに、段々わかるようになってきますから。安心して下さい。

パドックはドーナツ型の形状ですから、内を回れば距離は短く、逆に外は長い。

パドックの内を、踏み込みの浅い馬が、トボトボと歩いていたとしましょう。その後ろから、対照的に完歩の大きな馬が、グイグイと歩いて来たら、後ろの馬は前の馬にぶつかりそうになりますよね。だから外、外を回す。距離を求めて、パドックの外めを周回するのです。

テレビやラジオのパドック解説者の、「この馬は、パドックの外めを悠々と歩いていて、いいですね！」なんてコメントを聞くことがあると思います。パドックの外を歩くのがいい理由は、そんなところにあるのです。

加えて、**首が大事**。首をグイグイと使って、前へ前へと推進力を取っている馬を探しましょう。

あとは、何と言っても、命ある生き物ですから、やる気や“圧”が違います。

もし、あなたが友だちに競馬に誘われたとしましょう。「え～、競馬かぁ…めんどくさいなぁ」と思えば、駅までの道は、足どりも重く。逆に、「おっ、競馬！行こう、行こう！」となれば、シャキシャキ歩くでしょ(笑)。それと同じだと思って下さい。

走る気に満ち満ちた馬の“圧”は、生のパドックならではの感覚です。ぜひ、競馬場で体感してみて下さい！

これであなたも
競馬通

『降着(こうちゃく)と失格』

ターフビジョンに審議の青い文字が点灯し、競走中に他馬の走行を妨害し、その走行妨害がなければ、被害馬は加害馬に先着していたと裁決委員が判断した場合、加害馬は被害馬の後ろの着順となる。これを“降着”と言います。

さらに、極めて悪質で他の騎手や馬への危険な行為、加えて競走に重大な支障を生じさせた場合、加害馬は“失格”となり、着順はつかなくなります。

勝馬投票券は、確定の赤い文字が点灯するまで、大切にお持ち下さい。

さらに付け加えておくと、パドックは前の馬と後ろの馬を比べる場所ではありません。それを“横の比較”と言います。

この馬が好走していた時、パドックではどんな雰囲気だったのか、それを記憶しておいて、「今日はどんな感じか？」を見る。それを“縦の比較”と言います。

パドックは本来“縦の比較”で見るもの。

例えば、パドックでは、少しうるさいぐらいで好走していた馬が、今日はおとなしかったら…。それは、落ち着いているのではなく、元気がないのかもしれません。

逆に、パドックで落ち着いて周回していた時に好走していた馬が、今日はやる気を見せ過ぎていたら…。それは元気があるのではなく、イレ込んでいるのかも。“イレ込む”とは、極度に興奮した状態を指しますが、イレ込んでいて、何が悪いのかと言うと、内面でカッカカッカすることにより、エネルギーを無駄に消費。レース前に体力を消耗してしまいます。

ひどい発汗や、歩様、仕草などにも表れますが、それだとレースで力を出し切れません。

裏も表も、見方によっては、どちらも“真”ですから、そのジャッジは難しい。ボクらはパドック解説を生業にしてい

これであなたも
競馬通

『馬の汗』

パドックを周回している馬の体に、白い泡のようなものが付いているのを見たことがありませんか？　あれは、馬の汗なんです。

馬の汗には、石けんに似た界面活性剤の成分が含まれていて、ゼッケンや腹帯などで擦れると、白い泡が立ちます。

暑い時は人間同様、体温調節のために汗をかくのは自然なことですが、さほど暑くないのに、また他の馬は発汗していないのに、1頭だけ汗をかいているのは、内面でカッカしている証しかも。もし馬券で狙っている馬だったとしたら、返し馬までチェックしたいですね。

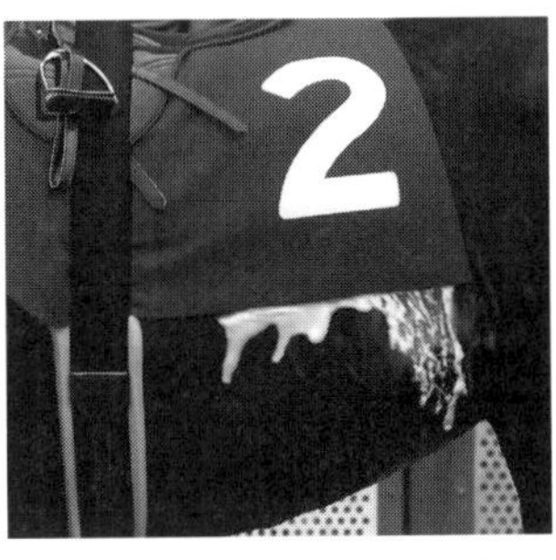

ませんから、1頭1頭のパドックでの姿は、さすがに覚えていませんもんね。
だからこそ、**“自分の好きな歩き方”**の基準を作る。それが大切になってくるのです。
そのためには、とにかく数多くの馬を見る。パドックに足しげく通って、馬を見る。見る。見る。見る。そうして、「これはいい状態だ」と判断の出来る物差しを、自分の中に作ってみて下さい。
馬券を買わなくてもいいから、パドックで気になった馬にチョイと印を付けて、レースを観戦。好走すれば、見方に自信をプラス。凡走したら、「何が違ったんだろう？」と微調整。その繰り返しが、パドックで馬を見る目を鍛えていきます。

ただひとつ、絶対能力が60点の馬が、仮に110%の出来だったとしても、66点。同じレースに出走する絶対能力100点の馬がいて、70%の出来でも70点ですから、出来の悪いほうの馬が勝っちゃうことも(笑)。
できればパドックは、競馬新聞で予想をし、注目した馬の、今日の状態を確認しに行く場所にしたいですね。
それでも、たまにいるんですョ。一完歩、一完歩が大きくて、パドックの外めを、首を使ってグイグイと歩いている、人気薄の馬が。そんな時は、自分の目を信じて、馬券に加えてみて下さい。とんでもない高配当を、プレゼントしてくれるかもしれませんョ。

パドックで見るポイント

- 踏み込みの深さ
- 外めを周回しているか？
- 首をグイグイ使っているか？
- 走る気に満ちた“圧”を感じるか？

これであなたも
競馬通

『なぜパドックは左回り？』

ＪＲＡのパドックは、全場すべて左回り。１人で馬を引く場合、人は必ず馬の左側に立ちます。

これはなぜか？これにも諸説あるのですが、昔、武士は左の脇に刀を差して馬を引いていました。そこに敵が現れたとしましょう。とっさに刀を抜くのに、馬の右側に立っていたら、馬を斬ってしまう可能性がありますよね。それを避けるために、馬の左側に立つのが常になったと言われています。

左に立って、左回りなら、人が邪魔にならず、お客さんからも、馬がよく見えますもんね。

地方競馬でも、そのほとんどのパドックが左回り。ただ、九州の佐賀競馬場だけは、なぜか右回り。その理由には、これまた諸説あるのですが、利き腕である右手を、常に空けておくためという説があるようです。

編集部と行く、中山競馬場パドック観戦記

この本の会議の席で、**「パドックの見方は、文字で表現するだけじゃ、なかなか伝わりづらいと思うんですよね…」**と、ボク（以下：(長)）。

すると、**「それじゃ、撮影しに行きますか。スチール写真だけじゃなく、動画も撮りましょう」**と、編集部の松下さん（以下：(松)）。

話はとんとん拍子に進み、2020年1月13日、3日間開催の月曜日に中山競馬場で、とスケジュールが決まります。

ボク以外に、松下さんと、同じく編集部の三浦さん（以下：(三)）、カメラマンの天野さん（以下：(天)）が同行。朝9時に、中山競馬場のパドック脇の、ハイセイコー像の前に集合しました。

(長)：「ボクがビギナーズセミ

ナーで講義をする時、実はこのハイセイコー像を使って、馬の体の構造とかを話すんですョ」。

ハイセイコー像で、各パーツを指差しながら、今から撮ろうと思っているのは、どんなタイプの馬なのか、どんな歩き方をする馬なのかを共有したところで、早速パドックへ。

㊝:「まずは、試しに撮ってみましょう。そのあとで、カメラ位置とかを微調整しながら進めたいと思います」

そんな会話を交わしながら、冬晴れの、ピンと張り詰めた空気の中、馬が出て来るのを待ちます。

中山1Rは、ダート1200mの3歳未勝利戦、16頭立て。

すると、いたんですよ！いきなり、良さそうな馬が。

脚の運びを見れば、踏み込みは深く、首を上手く使って、パドックの外めをグイグイと歩いている馬。その馬は、田辺騎手騎乗の、8枠15番セレンディビア。

ここまでの戦績に目をやると、昨年11月30日の中山ダート1800ｍの新馬戦は7着。続く、12月22日の中山ダート1200ｍの未勝利戦は5着。今日の人気は、5、6番人気といったところ。

㊟:「すみません。あの馬！ 15番の馬をお願いします！」

㊝:「了解！」

天野カメラマンは、シャッターを切ります。

㊟:「ほら、いいでしょ？」

㊚:「いいっすね」

㊂:「なるほど…」

迎えたレースでは、3番手追走から、前を行く2頭を直線で捕まえて、2着とは半馬身差の、うれしい初勝利！

㊟:「やった！ いきなり来たじゃないですか！ 6番人気で1着なら、上々でしょ！」

興奮するボクを尻目に、

㊝:「来ましたね。じゃ、次は動画も回しましょう」

㊟:「へっ？」

㊝:「ほら、試しにって言ってたので、リハーサルみたいな

感じで、動画のカメラ位置も、ここなら邪魔な映り込みが少ないって場所が、わかりましたから」

(長)：「あ、そうですよね…。次ですよね、次」

しかし、現実はそう甘くはなく、続く２Ｒも、３Ｒも、パドックを周回する馬に、これといって目を引く馬がいません。

でも、これが当たり前なんです。目を皿のようにして、いい馬を見つけようと思っても、見つからないことのほうが多く、「これだ！」という馬にパドックで出会えるのは、１日に数頭いればいいほう。それも、ボーッと眺めている時に“ピンッ”と来るものなんですね。

４Ｒの新馬戦が始まる前には、

(松)：「お昼ごはん、どうします？」

(天)：「近くに美味しいパスタ屋さんがありますけど」

なんて会話になり、予約の電話を掛けて、席を確保。圧倒的１番人気がいる中山５Ｒの３歳未勝利戦のパドックは、そそくさとパスして、ランチのお店に向かいます。

(長)：「もし、今日いい馬が見つからなかったら、どうしましょう？」

(松)：「日を改めるしかないですよね」

(長)：「う〜ん、スケジュールが厳しいかなぁ…」

(三)：「あ、５レースの１番人気、レッドルレーヴ、勝ちましたね。単勝130円！　堅いなぁ」

㊥：「このレッドルレーヴ、もしかしたら、お手本のような歩き方をしてたかも」
㊤：「かもしれないですね」
㊂：「ま、しょうがない。午後の馬たちに期待しましょう。クラスも上がれば、いい馬もいるでしょうから」

呑気な会話と共に、お腹を満たし、再び中山競馬場のパドックへ。

ところが、6R、7R、8Rと、一向にお目当ての歩き方をする馬がいません。

㊤：「こりゃ、今日は本当にダメかも…」

諦めムードが漂ってきた、その時です。

中山9Rの成田特別、4歳以上2勝クラス、ダート2400m戦、16頭立ての中にいたんです。「おおっ！」という馬が。

それが、4枠7番ララロワでした。

戦績を確かめると、一度中央でデビューしながら、未勝利のまま、地方競馬の門別へ転出。そこで4勝を挙げて、中央に再転入。

その後、左回りばかりを使ってきましたが、門別と同じ、右回りの中山ダートを使った前走で、11番人気の低評価を覆して、1勝クラスで優勝。今回、距離を1800mから

2020年1月13日中山9レース成田特別

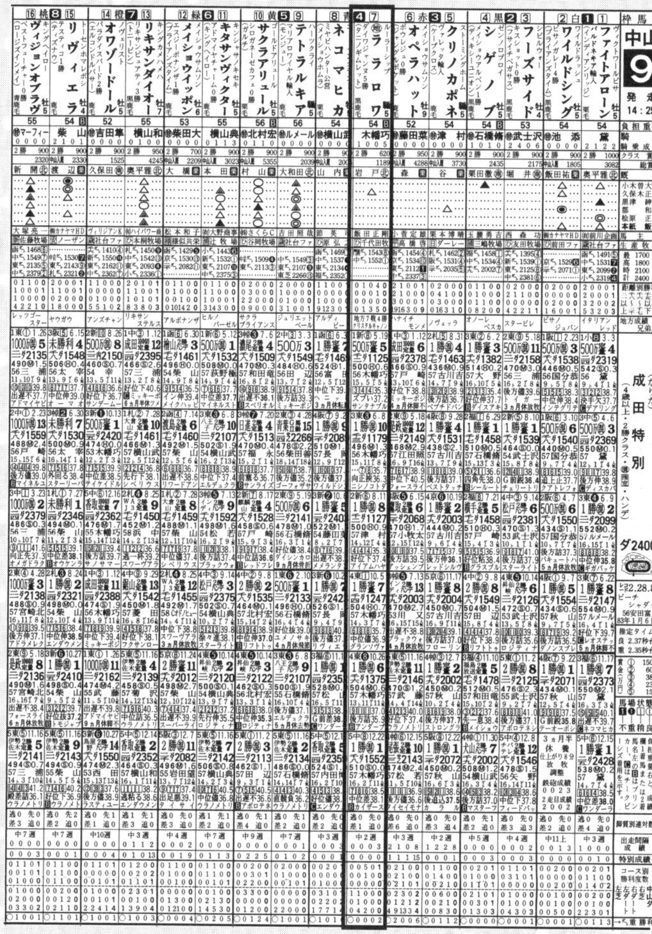

中山 9 発走 14:25

成田特別（なりた） 4歳以上・2勝クラス・(混)(指定)・ハンデ ダ2400

馬番	枠	馬名	父	母（母の父）	性齢・毛色	負担重量	騎手	騎乗成績	クラス賞金	総賞金	厩舎	馬主	生産牧場
1	1 白	ファイトアローン	ヴィクトワールピサ	バルドネキア（インディアンリッジ）	牡5 栗毛	54	黛	2122	2勝 1000	3082	奥平雅(北)	前川企画	社台ファ
2	1 白	ワイルドシング	ワイルドラッシュ	ピサノガレー（ブライアンズタイム）	牡5 黒鹿毛	54	池添	0000	2勝 900	1805	飯田祐(栗)	カナヤマHD	前田ファ
3	2 黒	フーズサイド	シビルウォー	キスショット（フサイチペガサス）	牡4 黒鹿毛	53	武士沢	2406	2勝 900	2175	堀井(南)	西森功	友田牧場
4	2 黒	シゲノブ	ゼンノロブロイ	メイショウアルペン（ディキシーユニオン）	牡5 黒鹿毛	54 B	石橋脩	1010	2勝 900	2435	栗田徹(南)	玉腰勇吉	三嶋牧場
5	3 赤	クリノカポネ	ストーミングホーム	ヴァレッタ（ケープクロス）	騸5 鹿毛	54	津村	0000	2勝 900	3730	谷(栗)	栗本博晴	ダーレー
6	3 赤	オペラハット	メイショウサムソン	ボウレジュ（ジャングルポケット）	牡9 鹿毛	52	藤田菜	0000	2勝 950	4288	森(栗)	小菅定雄	高橋啓
7	4 青	ララロワ	ルーラーシップ	ダイワジャンヌ（タニノギムレット）	騸5 黒鹿毛	54 B	木幡巧	1005	2勝 620	1189	岩戸(北)	飯田正剛	千代田牧
8	4 青	ネコマヒカ	[illegible]	ミヤビハンター（メイショウホムラ）	栗毛	54	横山武	0000	2勝 900	[illegible]	山内(栗)	節英	[illegible]
9	5 黄	テトラルキア	ハーツクライ	マリアロワイヤル（モンジュー）	騸5 鹿毛	56	ルメール	0000	2勝 900	2039	大和田(北)	吉田照哉	社台ファ
10	5 黄	サクラアリュール	ゴールドアリュール	シロガネーゼカフェ（ガルチ）	牡5 栗毛	56 B	北村宏	0110	2勝 900	5355	村山(栗)	さくらC	谷岡牧場
11	6 緑	キタサンヴィクター	キンシャサノキセキ	アドマイヤチャーム（キングヘイロー）	牡5 鹿毛	55	横山典	0113	2勝 900	3023	本田(栗)	大野商事	辻牧場
12	6 緑	メイショウウイッポン	メイショウサムソン	エスジーボナンザ（ブライアンズタイム）	牡6 鹿毛	53	柴田大	0000	2勝 700	2209	大橋(栗)	松本和子	様似共栄
13	7 橙	リキサンダイオー	キングカメハメハ	リキサンピュアティ（トニービン）	牡7 黒鹿毛	55	横山和	0100	2勝 950	4245	奥平雅(北)	ハイパワー商	本桐牧場
14	7 橙	オワゾードール	ノヴェリスト	パラダイスバード（エルコンドルパサー）	牡5 鹿毛	52	吉田隼	0000	2勝 900	1525	久保田(南)	ヴィリジアンK	社台ファ
15	8 桃	リヴィエラ	トーセンホマレボシ	テスティコ（ティズナウ）	牡4 鹿毛	54 B	柴山	2101	2勝 900	2330	渡辺(栗)	カナヤマHD	ノーザン
16	8 桃	ヴィジョンオブラヴ	キングヘイロー	ベストフューチャー（ロージズインメイ）	牡5 青鹿毛	55	マーフィー	0000	2勝 900	2320	新開(北)	大塚亮一	佐藤牧場

2400ｍに延長し、クラスも上がったので、通用するかは未知数でしたが、状態の良さには太鼓判が押せる歩様。

パドックで、ボクがお手本にするのは、こういう歩き方なんです。

踏み込みが深く、首を使って、パドックの外、外を、グイグイと歩く。

パドックのコーナーを回る時、外、外を歩いている馬は、そこでも大回りで回ってくるので、意外とパドックの隅、コーナーの近くのほうが、そんなことも確認出来て、ボクは好きなんですね。

具体的に言うと、中山競馬場のパドックだと、馬頭観音の下あたりです。

厩務員さんを自ら引っ張るかのような、“やる気”と“圧”を感じる歩き方に、

(長)：「動画、お願いします！」

(天)：「もちろん!!」

(長)：「いいでしょ」

(三)：「ホントだ」

(松)：「いいですね！」

みんなの意見も一致したところで、あとはこの馬が好走してくれるのを祈るばかり。

「とま〜れ〜」のかけ声と共に、ジョッキーたちが馬に騎乗。地下馬道に消えていくのを確かめながら、

(長)：「馬券、買ってきます。そのまま、レースも見てきます

2020年1回5日
中山
9 レース
単勝 WIN
7 ララロワ
☆☆☆200円
複勝 PLACE SHOW
7 ララロワ
☆☆1,000円
成田特別
JRA 中山
1月13日
合計 ★★★120枚 ★★★1,200円
0606101627254 1012110338588 80198784 303381

から」

単勝は12番人気。そんな穴馬に白羽の矢を立てたのですから、期待と不安と、いや、ほとんど不安でいっぱいでしたが(笑)、ゲートが開くと、ララロワは好スタート、好ダッシュ！　一旦は、先頭に立ったものの、後続に前を譲り、好位の４番手に。

内でガッチリ折り合っているように見えましたが、いつの間にか、中団の後ろまで下がっているではありませんか。すると、さらに下がって、後方へ。

「こりゃ、ダメかなぁ…」と思ったら、そこからがスゴかった！

３コーナーから仕掛けられると、内をスルスルと伸びて行き、４コーナー手前では、再び、先団の後ろに取りつきます。

最後の直線。内から、馬場のやや真ん中へと進路を変えると、矢のような伸び！

鞍上の木幡巧也騎手の叱咤激励に応えるかのように、前にいる馬たちを交わし、勝ったテトラルキアからは５馬身と離されましたが、見事２着に突っ込んでくれました。

１着：テトラルキア（１番人気）
２着：ララロワ（12番人気）
３着：サクラアリュール（２番人気）

払い戻し金額は、下表の通り。

2019年1月13日　1回中山5日
9R　成田特別　4歳以上2勝クラス

着順	枠番	馬番	馬名	性齢	斤量	騎手	タイム着差	人気	馬体重	増減	厩舎
1	5	⑨	テトラルキア	セン5	56	ルメール	2:34.7	①	486	±0	大和田
2	4	⑦	ララロワ	セン5	54	木幡巧	5	⑫	510	±0	岩戸
3	5	⑩	サクラアリュール	牡5	56	北村宏司	2	②	472	+10	村山
4	8	⑯	ヴィジョンオブラヴ	牡5	55	マーフィー	クビ	③	496	+2	新開
5	6	⑪	キタサンヴィクター	牡5	55	横山典	クビ	⑦	518	12	本田

［配当］

単勝	⑨	260円
複勝	⑨	140円
	⑦	880円
	⑩	170円
枠連	4-5	2360円
ワイド	⑦-⑨	2710円
	⑨-⑩	360円
	⑦-⑩	3840円
馬連	⑦-⑨	9080円
馬単	⑨→⑦	12630円
3連複	⑦-⑨-⑩	12830円
3連単	⑨→⑦→⑩	77010円

(長)：「やったぁ！　やった、やった！」

子どものようにハシャぎながら、みんなの待つパドックへ。

(長)：「やりました！　２着ですョ。それも12番人気！」

(松)：「すごい！　これで、今日は任務完了ですね！」

(三)：「いい仕事したじゃないですか」

(長)：「皆さん、馬券は？」

(一同)：「買いました！」

(長)：「当たった？」

(一同)：「もちろんです！」

(長)：「どれどれ？　うわっ、３連複500円って、３連複の配当は12830円だから、６万円以上儲かってるじゃないすか！」

これを当てたのは、天野カメラマン。

(天)：「パドックの見方を教えてもらわなかったら、自分的には、絶対に買わなかったと思います。いやぁ、パドック、大事ですね！　面白い!!」

みんな笑顔で機材を片付け、残りのレースは、単なる競馬ファンとして馬券を満喫。

帰りは船橋法典駅近くの、安くて、美味しい、ボクの行きつけの中華料理店『D』で、大いに盛り上がったのは、言うまでもありません(笑)。

なんて、ちょっぴり“おふざけ”な文章になりましたが(笑)、その時のララロワのパドックの動画を、ボクなりの解説付きでYouTubeにＵＰしておきました。

ＱＲコードからご覧になってみて下さい。

ボクのパドックの見方が、正しいのかどうかは、ボクもわかりません。ただ、“自分の好きなパドックの歩き方”だというのは、胸を張って言えること。

とにかく、たくさんパドックで馬を見て、自分の基準、自分の物差しを作ってみて下さい。

そうすれば、何気なくパドックを眺めていても、歩きのいい馬は、自然と目に飛び込んできますから！

返し馬を見る

第3章の終わりに少しだけ「**返し馬**」についてお話しします。返し馬とは、レース前のウォーミングアップのこと。

パドックの周回を終えた出走馬たちが、ジョッキーを背に、地下馬道を通って、コースへと出て行きます。そして、思い思いのウォーミングアップを始めます。これからレースですから、みんな気合いを乗せて走り出します。

この返し馬で見るべきポイントは、3つと言われます。

まずは、**入り際**。

鞍上との呼吸が合って、スムーズに走りに入れたか。スーッとスタート出来るのが良いとされます。

次に、**折り合い**。

走っている最中に、首を高く上げて、顔を左右に、イヤイヤをするように振っていないか。行きたがる馬を抑えようと、ジョッキーが過剰に手綱を引っ張ってはいないかなどをチェックします。

最後に、**止め際**。

ここもジョッキーの意思通りに、スムーズに減速、そして止まるのがいいとされます。

これであなたも **競馬通**

『本馬場と馬場』

競馬場に本馬場はひとつで、ＪＲＡの競馬場の場合、本馬場は芝コースを指します。

なので、実況のアナウンサーが、「それでは、出走各馬の本馬場入場です」と言ったなら、それは芝のレース。「馬場入場です」なら、ダートまたは障害のレース。

地方競馬の場合、本馬場はダートコースとなります。

いずれも見るべきは、馬の精神状態も含めた当日のコンディションと、馬と騎手との意思疎通が上手く出来ているかどうか。

特に、初めてのコンビや、人気の馬がパドックで必要以上にイレ込んでいた時などは、返し馬までしっかりとチェックしましょう。

そこでも折り合い面に不安があるようだと、レースにも影響して、思わぬ凡走に終わってしまうことも。

たくさんの馬が、ほぼ一斉に返し馬に入るので、すべての馬を見るのは、まず不可能。それゆえ、どの馬の返し馬をチェックするかは、パドックの時点で決めておくことを、お勧めしたいと思います。

第4章

調教・血統・矯正馬具とは？

競馬の予想には、他にも重要なポイントがいくつもあります。
ここからは、その中から、「調教」、「血統」、「矯正馬具」についてお話ししていきます。

調教とは？

調教（ちょうきょう）とは、レースに向かうまでのトレーニングのこと。

追い切りとも呼ばれ、レース当該週の水曜日か、木曜日に行われる強めの稽古のことを、**“最終追い切り”**と言います。

競走馬は、東西のトレーニングセンターで生活をし、調教を積むと書きましたが、それぞれのトレセンに様々な調教施設があり、調教師は馬の状態に合わせてコースを選び、トレーニングを行います。

主な調教コースを紹介していきましょう。

ウッドチップ〔W〕

走路に細かく砕いた木片を敷き詰めたコース。クッション性が高く、脚への負担が少ないとされます。

坂路（はんろ）〔坂〕

その名の通り、傾斜の付いた坂道を駆け上がるコース。ウッドチップが敷かれ、平坦なコースほどは、タイムが出ません。蹴る力が必要なので、後肢を鍛えるのにはもってこいの調教コースとされます。

芝、ダート〔芝、ダ〕

実戦に近い形での調教を行うコースです。それぞれの適性を試す場合にも使われます。

これであなたも競馬通

『負けず嫌いじゃない…』

１着が同着でない限り、１つのレースに勝ち馬は１頭のみ。ハナ差で、僅か数センチの２着でも、負けは負け。出走馬のほとんどが負けるのです。

日本を代表するジョッキーの１人、武豊騎手は言いました。

「競馬は負けるスポーツ。だから､ボクは“負けず嫌い”じゃない。“勝ちたがり”なんです」。

けだし名言ですよね。

ポリトラック〔P〕

電線被覆材やポリエステル不織布に、ワックスを混ぜて作った人工の馬場。水捌けが良く、天候に左右されないことから、オールウェザーとも呼ばれます。走行時の反動が少なく、グリップが良いため、速いタイムが出やすいのが特徴です。

人が促して馬を走らせることを、**“追う”**と言います。その追い方ですが、基本的には次の３つがあります。

馬なり

馬の気持ちに任せて、楽に走らせる。

強め

鞍上が、少し馬を促しながら走らせる。

一杯

鞍上が、目一杯追って、馬を走らせる。

さらに、走らせる際には、次のようなパターンがあります。

単走

１頭で走らせる。

併走

2頭以上で走らせる。これを **“併せ馬”** とも呼びます。

これであなたも
競馬通

『調教のあれこれ』

東西トレーニングセンターの坂路コースは、1985年に、まず栗東トレセンに作られ、そこから飛躍的に関西馬の成績が向上。東高西低と言われていた勢力図を、西高東低にひっくり返すことに成功します。

これを受けて、1992年、美浦トレセンにも坂路コースが作られ、改修工事と各厩舎のスタッフの創意工夫で、強い馬作りに励んでいます。

また、調教コースにはプールもあります。利点としては、脚元に負担をかけずに運動が出来ること。心肺機能を高められること。リフレッシュ出来ること、などが挙げられますが、実はもうひとつ…。

馬が泳ぐ際、人が手綱を持って、プールサイドを歩いてあげるのですが、初めはおっかなびっくりの馬にとって、手綱はまさに命綱。一緒に歩いてくれる人だけが頼りになるわけで。人にちょっぴり反抗的だった馬が、人に対して従順になる。そんな意外な効果もあるようです。なんかカワイイ話ですよね(笑)。

調教タイムに関しては、コースの内を通るか、外を通るか。整地された直後のキレイなコースか、たくさんの馬が走った後の荒れたコンディションかなどで、変わってしまいます。そこは“プロの目”を借りるのが一番(笑)。

競馬新聞には、調教欄というのが載っていて、採点や短評、さらに最も動きの良かった馬は、“イチ推し”などのタイトルを付けて、推奨したりもしています。これを参考にするのがいいと思います。

調教タイムは、**基本的に1F＝200m**がベースになっていて、1000m、800m、600m、(400m)、200mの通過タイムが出ていると思って下さい。

どのコースでも、全体時計と、ラスト3F、ラスト1Fの時計に着目。そのタイムを、どんな追い方で出したのかに注目してみて下さい。

調教の話は、調教のプロに聞いてみようということで、『調教捜査官』としてテレビやイベントでも大活躍の、競馬評論家・井内利彰さんにお話を伺いました。

「馬は、スタートからゴールまで、ずーっと全速力で走っているわけではありません。ゴールに向かって、加速していっているのです。

それをトレーニングでちゃんと出来るようになれば、レースでもゴール前まで、しっかり走れるようにりますよね。

2019年10月27日東京11レース天皇賞・秋 調教欄

東京 11R　TMイチ推し⑩サートゥルナーリア
馬なりで抜群の手ごたえ　追力十分

11R　1000 800 600 200 コース 脚いろ

①カデナ　栗坂 助手 53.8 38.2 12.7 一杯追
3栗坂助手 580 402 121馬なり　10栗坂藤佑 514 380 130馬なり
17栗坂助手 563 397 124強めに　23栗坂藤佑 514 375 129一杯追
→ 全体時計は速いが、追われてからの反応イマイチ。【C】

②アーモンド 南W重 6F82.3 66.3 51.3 37.6 12.3④馬なり先
2南DW稍助 手 69.8 54.9 41.8 13.5③馬なり
10南DW稍助 手 67.0 51.5 37.9 12.3④馬なり併
17南DW稍ルメール 66.4 51.3 37.6 12.2⑤馬なり先
20南DW稍助 手 72.8 56.6 42.0 13.9③馬なり
23南DW稍ルメール 65.4 50.8 37.3 12.2③馬なり先
（古3勝ノチェブランカG前強の内を追走3馬身先着）
→ 2週連続、鞍上が手ごたえを確認。走り鋭く、9分。【B】

③ケイアイノーテック　栗坂 助手 53.4 38.4 12.3 強めに
17栗坂助手 543 401 132馬なり　23栗坂 幸 505 365 122末強め
→ フラフラする場面もあったが、最後はよく伸びた。【B】

④スワーヴリ 栗芝稍 6F80.6 64.1 49.9 36.5 12.5②馬なり
26栗CW良助 手 6F86.7 68.8 53.6 39.1 12.1⑧馬なり併
2栗CW稍助 手 6F85.5 69.0 53.5 38.8 12.3⑤馬なり先
9栗CW良助 手 6F83.3 66.4 51.9 38.2 12.5⑦馬なり併
17栗CW良横山典 6F82.2 65.6 50.6 36.7 11.7⑦馬なり先
23栗CW良助 手 6F82.9 66.4 50.8 37.7 12.2⑤馬なり先
（障害オープントゥルーハート馬なりの内を追走2馬身先着）
→ かなり追走して持ったまま先着。仕上がり良好。【B】

⑤アエロリット　美坂 調師 51.6 38.2 13.1 馬なり
18南DW稍調教師 71.7 55.3 40.3 12.5⑦馬なり
23南DW稍調教師 66.1 51.6 38.5 12.9⑦馬なり
↗ 体全体を使った大きな走り。牝馬と思えない迫力。【A】

⑥ユーキャンスマイル　栗坂 助手 53.7 39.0 12.6 馬なり
26栗CW良荻野琢 7F99.7 66.9 52.2 38.4 12.2⑤馬なり
3栗坂助手 543 389 123強めに併　10栗坂荻琢 572 413 128馬なり
14栗CW稍助 手 6F87.3 69.4 53.6 38.3 11.6⑧末強め
17栗CW良岩田康 6F85.1 68.3 52.7 38.5 11.9⑦一杯追先
20栗坂助手 549 392 126一杯追
23栗D芝稍岩田康 6F83.3 67.2 52.5 38.2 12.0④馬なり先
（2歳未勝利ヒュッゲ強めの内を追走半馬身先着）
→ 右回りだと外に張りぎみになるが、調整は順調。【B】

⑦スティッフェリオ　栗坂 助手 52.0 37.9 12.5 一杯追先
10栗坂助手 561 409 135末強め　14栗坂助手 589 423 139馬なり
17栗坂助手 530 388 133一杯追先　23栗坂助手 534 390 128一杯追先
（古オープンアメリカズカップ一杯に先行1馬身先着）
→ 追われても鋭くは伸びないが、順調な調整過程。【C】

⑧マカヒキ　栗坂 助手 50.6 37.2 12.5 末強め
1栗坂助手 577 420 140馬なり　3栗坂助手 537 387 123馬なり併
10栗D芝稍助 手 6F78.3 63.0 49.8 36.9 12.4⑤馬なり
13栗坂助手 562 406 134馬なり　16栗坂助手 514 377 127G前追
20栗DP良助 手 6F87.6 70.3 53.2 37.7 11.5⑨馬なり併
23栗坂助手 535 390 126末強め
→ 年齢を重ねズブさも出ているが、動きに迫力なし。【C】

⑨ダノンプレ 栗CW重 73.5 56.6 40.5 11.7⑨馬なり
3栗CW良助 手 6F86.3 68.4 52.9 38.4 12.0⑧馬なり
6栗CW良助 手 69.5 52.9 37.0 11.8⑧馬なり
10栗CW良助 手 6F83.5 67.4 52.4 38.3 12.0⑧一杯追
17栗CW良川 田 6F81.9 65.7 50.9 36.9 11.9⑥強めに遅
23栗CW良川 田 6F81.9 66.0 51.1 37.3 12.0⑧G前追先
（古1勝オメガ一杯の内を追走1秒先着）
→ 追うごとに良化して直前は鋭い動き。態勢万全。【A】

⑩サートゥルナーリア　栗坂 助手 52.4 37.4 12.0 馬なり
9栗坂助手 549 392 127馬なり　14栗坂助手 528 374 125馬なり
17栗CW良西村淳 6F84.0 67.5 52.3 38.3 12.0⑥馬なり
20栗坂助手 540 387 125馬なり
23栗CW良スミヨン 6F82.0 66.8 51.7 37.5 11.7⑥馬なり
→ ジョッキーで感触を確かめた。抜群の手ごたえ。【A】

⑪ゴーフォザ 南W稍 70.3 54.5 40.1 12.9⑧馬なり併
6美坂助手 592 435 141馬なり　10美坂助手 554 403 130馬なり併
14南DW稍杉 原 68.7 54.0 40.8 12.6⑤馬なり併
17南DW稍北村宏 72.6 56.8 41.6 12.3⑥馬なり併
20南DW稍助 手 68.8 54.1 39.9 12.5⑥馬なり併
23南DW稍木幡育 67.3 53.1 39.1 12.4⑦馬なり先
（古3勝ライラックカラーG前強の外を追走1馬身先着）
25美坂北宏 592 434 142馬なり
→ 0秒8追走から先着。状態良いが、迫力が欲しい。【C】

⑫ドレッドノータス　栗坂 坂瑠 52.0 38.1 12.9 末強め先
16栗坂助手 616 460 144馬なり
18栗坂坂瑠 538 392 128馬なり　23栗坂坂瑠 543 394 130一杯追遅
（新馬キングダムウイナー一杯を追走2馬身遅れ）
↘ 追われても反応せず遅れた。前走時より印象悪い。【D】

⑬ランフォザローゼス　美坂 北宏 54.7 39.8 12.7 馬なり併
17美坂杉原 575 421 140馬なり先
20南DW稍助 手 71.4 56.5 41.7 12.9⑥馬なり併
23南DW稍北村宏 69.8 54.7 40.1 12.4⑥馬なり併
（古2勝レッドサイオン馬なりの内を追走併入）
25美坂杉原 577 422 138馬なり
↗ 一戦ごと動きに切れを増す。この馬なりに上向き。【B】

⑭ワグネリア 札芝良 69.1 52.4 37.9 11.7⑥馬なり
25栗坂助手 558 407 128馬なり　29栗坂助手 553 399 126馬なり
2栗D芝稍助 手 6F80.5 64.4 49.9 36.9 12.6④馬なり
9栗CW良助 手 6F83.6 67.6 51.9 38.3 12.3⑤馬なり遅
17栗CW良福 永 7F97.7 66.6 51.8 38.1 12.1⑦強めに先
23栗坂助手 538 393 128馬なり
↗ 直前は押さえるのに苦労するぐらい。気合のった。【A】

⑮ウインブラ 南W稍 68.7 54.0 39.9 12.4⑦馬なり併
10南DW稍松 岡 6F88.2 72.2 57.4 42.7 13.0⑥馬なり
14南DW稍助 手 67.8 52.8 39.4 12.7⑦強めに
17南DW稍松 岡 6F81.4 66.4 52.3 38.4 12.1⑦直一杯併
20南DW稍助 手 69.1 52.9 39.1 12.1⑧一杯追
23南DW稍松 岡 66.5 51.1 37.5 12.2⑦直一杯
↗ 回転の速いフットワーク。鋭さ増して、上積み大。【B】

⑯アルアイン　栗坂 助手 53.8 39.2 12.3 馬なり
26栗坂水口 529 383 122強めに遅
29栗坂助手 550 403 133馬なり遅　2栗坂助手 528 382 129一杯追先
6栗坂助手 557 422 144馬なり先　10栗坂北友 521 379 123一杯追先
14栗坂助手 554 397 129馬なり併　17栗坂助手 522 380 131一杯追先
20栗坂助手 561 409 131馬なり　23栗坂北友 528 385 121叩一杯先
（古2勝スヴァルナ一杯を追走1馬身先着）
→ 強く追ったのは最後の最後だけ。反応良く伸びた。【B】

調教からそれを判断するには、スタートからゴールまでの200ｍずつのタイムを引いて、その差を見てみればいい。ゴールに向かって、どんどん速くなっているのは、加速のついた、いい調教。

特に坂路の場合、栗東も美浦も、ゴール前の傾斜が一番キツくなっているんです。だから、最後の１Ｆを最も速いラップで駆け抜けた馬の調教は、特にいいと言えます。

中山や阪神など、最後の直線に急な坂のあるコースでは、格好の狙い目になるかもしれませんョ」

なるほど、目からウロコですよね。

井内利彰さんのお話を、具体的に見てみましょう。

ダノンプレミアム

23　栗東CW（ウッドチップコース）：81.9－66.0－51.1－37.3－12.0 一杯

⑨ダノンプレ栗CW重			73.5	56.6	40.5	11.7	⑨馬なり
3栗ＣＷ良助	手	6F86.3	68.4	52.9	38.4	12.0	⑧馬なり
6栗ＣＷ良助	手		69.5	52.9	37.0	11.8	⑧馬なり
10栗ＣＷ良助	手	6F83.5	67.4	52.4	38.3	12.0	⑧一杯追
17栗ＣＷ良川	田	6F81.9	65.7	50.9	36.9	11.9	⑥強めに遅
23栗ＣＷ良川	田	6F81.9	66.0	51.1	37.3	12.0	⑧G前追先

（古１勝オメガ一杯の内を追走1秒先着）

→ 追うごとに良化して直前は鋭い動き。態勢万全。　【A】

23日の最終追い切りです。

これは6F(1200m)、5F(1000 m)、4F(800 m)、3F(600 m)、1F(200 m) のタイム。

6Fから5Fの初めの200mは81.9秒—66.0秒＝15.9秒。

5Fから4Fは、66.0秒—51.1秒＝14.9秒。

次に4Fから3Fが、51.1秒—37.3秒＝13.8秒。

最後が12.0秒ですから、キレイに加速の付いた調教タイムとなります。

念のため、ラスト3Fを3で割って、平均を出して、最後の1Fと比べてもいいですよね。この場合、37.3秒÷3＝約12.43秒。それと比べても、最後の1F 12.0秒は速いわけです。

もうひとつ、坂路のパターンも挙げておきましょう。

アルアイン
23　栗坂：52.8 - 38.5 - 12.1

⑯アルアイン　　　　栗坂　助手　53.8　39.2　12.3　馬なり
26栗坂水口 529　383　122強めに遅
29栗坂助手 550　403　133馬なり遅　2栗坂助手 528　382　129一杯追先
6栗坂助手 557　422　144馬なり先　10栗坂北友 521　379　123一杯追先
14栗坂助手 554　397　129馬なり併　17栗坂助手 522　380　131一杯追先
20栗坂助手 561　409　131馬なり　23栗坂北友 528　385　121叩一杯先
（古2勝スヴァルナ一杯を追走1騎先着）
⇒ 強く追ったのは最後の最後だけ。反応良く伸びた。【B】

これは、4F（800m）、3F（600m）、1F（200m）の通過タイムです。

初めの200mは、52.8秒―38.5秒＝14.3秒。

38.5秒÷3＝約12.83秒ですから、最後の1F 12.1秒はしっかり加速が出来ている証し。

中山や阪神で狙いたい…(笑)。

電卓を叩いて、調教からの穴馬、狙い馬を弾き出してみて下さい。

PROFILE

井内利彰（いうち・としあき）

「調教捜査官」として、栗東トレーニングセンターを中心にした取材活動をベースに、フジテレビＯＮＥ「競馬予想ＴＶ」や、ＪＲＡ主催のイベントなどで活躍中。

これであなたも
競馬通

『染め分け帽』

同じ枠に、同じ馬主の馬が入ったら？

中央競馬の場合、騎手がレースで着る勝負服は、馬主デザインの固有のもの。帽色まで一緒となると、どちらの馬だか、判明しづらいですよね。

そこで、帽子を枠の色と白色に分けたものを染め分け帽と言い、同じ馬主の馬が同じ枠に入った時は、馬番の大きい方の馬の騎手が、それを被ります。

同枠の２頭目の馬は、４分割したものを、３頭目は８分割したものを被ります。

ちなみに、白帽色の１枠はどうするかと言うと、白と水色で４分割したものを被ります。

血統を知ろう

サラブレッドは“thoroughbred”と書き、thoroughには“完全に”とか“貫く”の意味が、bredには“種”や“血”などの意味があります。つまり、サラブレッドとは、**徹底的に品種管理された馬**のことを指すんですね。

17世紀、イギリスのスピードとスタミナに長けた在来牝馬に、東洋種の牡馬を種付けしたことに起源を持つサラブレッド。

1793年に、血統登録書である『ジェネラル・スタッド・ブック』が出版されると、すべての馬が血統登録されるようになり、今に至っています。

現在のサラブレッドの父系先祖を辿ると、3頭の馬にさかのぼります。

ダーレーアラビアン、ゴドルフィンアラビアン、バイアリーターク。

この3頭を、サラブレッドの**“三大始祖”**と呼びます。

その血の持つ特性を研究し、交配に交配を重ね、速い馬を作ってきました。その美しい筋肉やフォルムと相まって、サラブレッドは「人間の創った最高の芸術品」と称されるのです。

また、競馬のことを“血のロマン”と言うのも、納得です

ダーレーアラビアン

ゴドルフィンアラビアン

バイアリーターク

これであなたも
競馬通

『始祖』

昔はもっとたくさんのサラブレッドの始祖が存在しました。例えば、芦毛馬の始祖であるオルコックアラビアンもそう。ところが、淘汰の歴史の中で、今は３頭になったということなんです。

三大始祖の中でも、残存するのは、ほとんどがダーレーアラビアンの子孫。数字は年々変わりますが、その割合は、ダーレーアラビアンが97.8%、ゴドルフィンアラビアンが1.8%、バイアリータークに至っては0.4%ほどと言われます。

ディープインパクトやキングカメハメハなど、日本の競馬を牽引する種牡馬のほとんどが、ダーレーアラビアンの系譜なんです。

よね。

血統は、馬券の予想においても重要で、芝向きなのかダート向きなのか、短距離なのか長距離なのか。はたまた、重馬場の巧拙まで、血統を知ることで、そのレースの向き、不向きを探ることが出来ます。

詳しい論評は、血統評論家さんたちの執筆に譲ることにして、ここでは、ひとつ興味深い血統表を紹介したいと思います。

これは、皐月賞、日本ダービー、菊花賞を制し、日本のクラシック３冠に輝いたＧＩ６勝馬、オルフェーヴルの４代血統表です。

オルフェーヴルの父は、ステイゴールド。ステイゴールドの父は、“日本の競馬を変えた”とされる、大種牡馬サンデーサイレンス。

一方、オルフェーヴルの母はオリエンタルアート。その父はメジロマックイーン。

メジロマックイーンは、競馬界のレジェンド武豊騎手とのコンビでの活躍でもおなじみですが、その父はメジロティターン、さらにその父はメジロアサマ。実はこの３頭、“父子３代天皇賞制覇”という大偉業を成し遂げているのです。

当時は、秋の天皇賞も芝3200ｍ（現行は芝2000ｍ）で行われていました。でも、そんなメジロマックイーンの血も、種牡馬としては、絶える寸前なんですね。

なぜかというと、長距離を得意とするステイヤーの血が、

オルフェーヴル４代血統表

ステイゴールド	サンデーサイレンス	Halo	Hail to Reason
			Cosmah
		Wishing Well	Understanding
			Mountain Flower
	ゴールデンサッシュ	ディクタス	Sanctus
			Doronic
		ダイナサッシュ	ノーザンテースト
			ロイヤルサッシュ
オリエンタルアート	メジロマックイーン	メジロティターン	メジロアサマ
			シエリル
		メジロオーロラ	リマンド
			メジロアイリス
	エレクトロアート	ノーザンテースト	Northern Dancer
			Lady Victoria
		グランマスティーヴンス	Lt. Stevens
			Dhow

今の時代の競馬においては主流ではないから。

　では、この血は要らないのかというと、とんでもない。母系に入って、こういう大仕事をやってのけるのです。

　ステイゴールドは“狂気の血”とも言われ、気性が荒く、それは産駒のオルフェーヴルにも伝わりました。そんなやんちゃな血を、母の父メジロマックイーンの血が、どっしりと、しっかりと、下支えをする。そのことによって、オルフェーヴルは、競走馬としてのギリギリのバランスを保てたのかもしれませんよね。

　さらに見て下さい。父系の４代前と、母系の３代前に、同じノーザンテーストの名前があります。

調教・血統・矯正馬具とは？

父系または母系の４代前と３代前に同じ血がある時、４×３または３×４と表され、それは**“奇跡の血量”**と呼ばれます。その血が、その馬全体の**18.75%**を占め、その血の特性が最もよく出やすいとされるのです。

一般的に、５代までに近親交配がなされていることをインブリード（またはクロス）と言い、近親交配が無いことを、アウトブリード（またはアウトクロス）と言います。

インブリードがすごくいいかと言うと、体に弱い部分が出る場合もあり、頑健さを求める牧場の中には、インブリードを嫌う生産者もいます。

凱旋門賞連覇を果たした、イギリスの名牝エネイブルは、サドラーズウェルズの３×２。実は、とんでもなく近い血の掛け合わせなんです。

逆に、ディープインパクトは、５代までアウトブリード。どちらがいいとは、一概に言えないようです。

エネイブル4代血統表

Nathaniel	Galileo	Sadler's Wells	Northern Dancer
			Fairy Bridge
		アーバンシー	Miswaki
			Allegretta
	Magnificient Style	Silver Hawk	Roberto
			Gris Vitesse
		Mia Karina	Icecapade
			Basin
Concentric	Sadler's Wells	Northern Dancer	Nearctic
			Natalma
		Fairy Bridge	Bold Reason
			Special
	Apogee	Shirley Heights	Mill Reef
			Hardiemma
		Bourbon Girl	イルドブルボン
			Fleet Girl

ディープインパクト4代血統表

サンデーサイレンス	Halo	Hail to Reason	Turn-to
			Nothirdchance
		Cosmah	Cosmic Bomb
			Almahmoud
	Wishing Well	Understanding	Promised Land
			Pretty Ways
		Mountain Flower	Montparnasse
			Edelweiss
ウインドインハーヘア	Alzao	Lyphard	Northern Dancer
			Goofed
		Lady Rebecca	Sir Ivor
			Pocahontas
	Burghclere	Busted	Crepello
			Sans le Sou
		Highclere	Queen's Hussar
			Highlight

ちなみに父ステイゴールドと、母の父メジロマックイーンの組み合わせには、オルフェーヴルの全兄、ＧＩ３勝のドリームジャーニーが、またＧＩ６勝の芦毛のゴールドシップがいます。

このように、血の相性がいいことを、**“NICKS（ニックス）”**と言います。

よく“良血”と言いますが、今現在、その血が残っている限り、それはある意味“良血”なわけで。

例えば、80年代のアイドルホースだったオグリキャップは、父がヨーロッパで走り、重賞勝ちも無かったダンシングキャップ。母が地方競馬で４勝のホワイトナルビー。母の父はシルバーシャーク。決して“超”の付く良血ではなかったけれど、突然変異的に科学反応を起こしたのでしょう。素晴らしい馬が誕生しました。

このあたりにも、競馬が“血のロマン”と言われる所以が見てとれますよね。

血統は深いです。興味を持ったら、ぜひ色々な書籍を手に取って、読みあさってみて下さい。

血統についても、プロにお話を聞いてみました。血統評論家の平出貴昭さんに、「血統とは？」という質問をぶつけてみたところ、こんな答えが返ってきました。

ゴールドシップ4代血統表

ステイゴールド	サンデーサイレンス	Halo	Hail to Reason
			Cosmah
		Wishing Well	Understanding
			Mountain Flower
	ゴールデンサッシュ	ディクタス	Sanctus
			Doronic
		ダイナサッシュ	ノーザンテースト
			ロイヤルサッシュ
ポイントフラッグ	メジロマックイーン	メジロティターン	メジロアサマ
			シエリル
		メジロオーロラ	リマンド
			メジロアイリス
	パストラリズム	プルラリズム	The Minstrel
			Cambretta
		トクノエイティー	トライバルチーフ
			アイアンルビー

オグリキャップ4代血統表

ダンシングキャップ	Native Dancer	Polynesian	Unbreakable
			Black Polly
		Geisha	Discovery
			Miyako
	Merry Madcap	Grey Sovereign	Nasrullah
			Kong
		Croft Lady	Golden Cloud
			Land of Hope
ホワイトナルビー	シルバーシャーク	Buisson Ardent	Relic
			Rose O'Lynn
		Palsaka	Palestine
			Masaka
	ネヴアーナルビー	ネヴァービート	Never Say Die
			Bride Elect
		センジユウ	ガーサント
			スターナルビー

「血統は、知らなくても何とかなるけど、知れば、より競馬が楽しくなるもの。歴史を知ったり、ドラマを知ったり。

血統はそれぞれに特色があって、馬券にも役立ちます。

何より楽しいのが、自分の応援した馬が、引退して、親になって、子供を出して。その子がまた競馬場で走る。継続して応援出来る喜びが大きいですね。

また、血統表の中に、知っている馬の名前を見つけるのも楽しい。デビュー前の馬の血統表から「こんな馬かも…」と想像したり。

血統に親しんでおくと、数年後が楽しくなると思いますョ」

そんな平出貴昭さんにアドバイスを頂いて、芝、ダート、距離の適性分布を一覧にしてみました。大いに参考にしてみて下さい！

PROFILE

平出貴昭（ひらいで・たかあき）

編集者・競馬ライター。現在はサラブレッド血統センターに在籍、血統評論家としても活躍中。

著書に『一から始める！ サラブレッド血統入門』、『覚えておきたい世界の牝系１００』などがある。

Twitter アカウントは「@tpchiraide」、ブログは「競馬"血統"人生」（https://ameblo.jp/tpc-hiraide/）。

種牡馬適性分布図

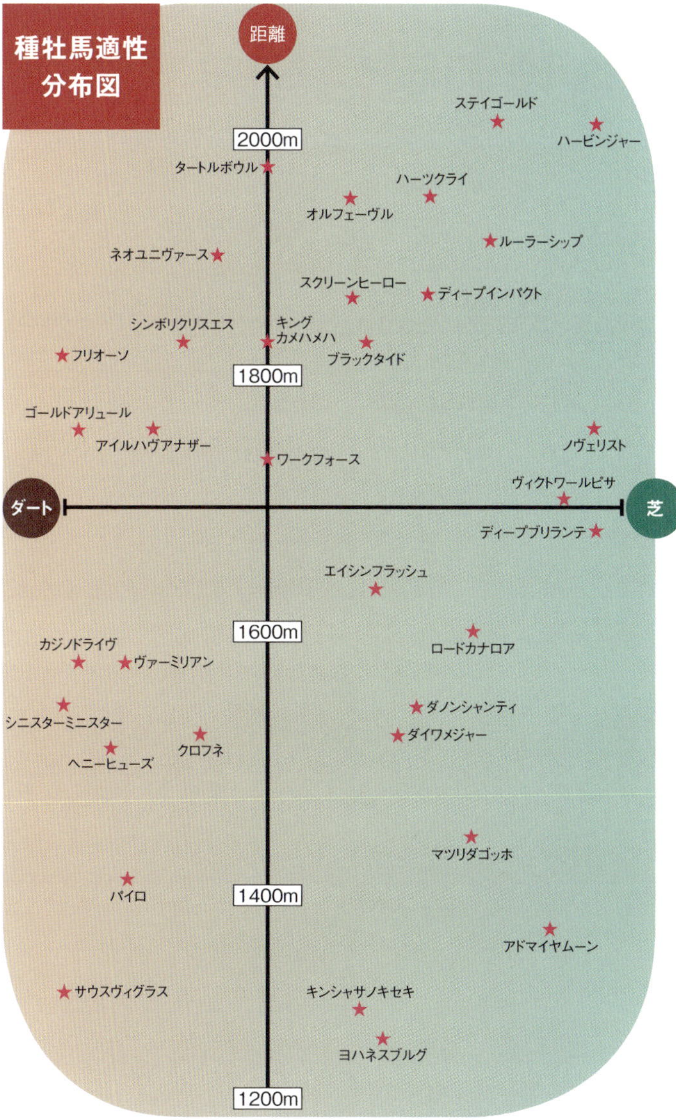

『一から始める!　サラブレッド血統入門』
（平出貴昭著・株式会社 KADOKAWA 刊）より改稿

馬の毛色を知ろう

代表馬

ディープインパクト、ウオッカ、アパパネ、ロードカナロア、ジェンティルドンナ、キタサンブラック

鹿毛（かげ）

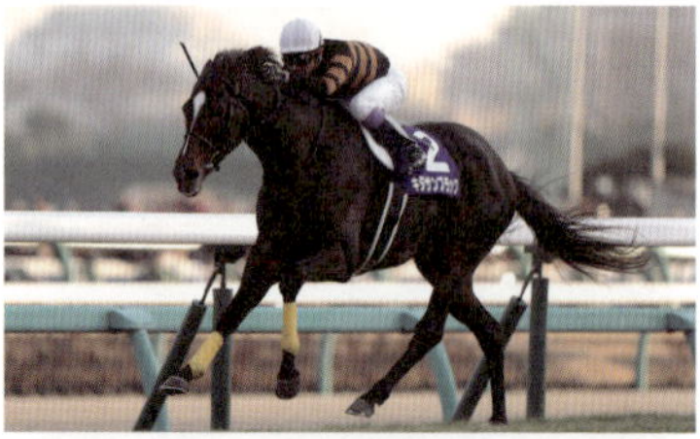

代表馬

ナリタブライアン、エルコンドルパサー、スペシャルウィーク、シンボリクリスエス、ブエナビスタ

黒鹿毛（くろかげ）

代表馬

キズナ、メジロラモーヌ、マンハッタンカフェ、フェノーメノ、ソウルスターリング

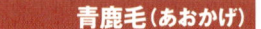

青鹿毛（あおかげ）

代表馬

シーザリオ、ヴィルシーナ、ヴィブロス

青毛（あおげ）

サラブレッドの毛色は全部で8種類

代表馬

オグリキャップ、メジロマックイーン、ビワハヤヒデ、クロフネ、ヒシミラクル、ゴールドシップ

芦毛（あしげ）

代表馬

タイキシャトル、テイエムオペラオー、ダイワメジャー、ダイワスカーレット、オルフェーヴル

栗毛（くりげ）

代表馬

サッカーボーイ、サクラローレル、マーベラスサンデー、コイウタ、ノンコノユメ

栃栗毛（とちくりげ）

代表馬

ソダシ、ユキチャン、ブチコ

白毛（しろげ）

矯正馬具について

馬は繊細で、臆病な動物です。肉体的に走る能力があったとしても、メンタル面が弱ければ、その力を存分に発揮することが出来ませんよね。

そこで、馬の能力を最大限に発揮するために考えられたのが、“矯正(きょうせい)馬具”と呼ばれるものです。

馬は、様々な装備を身に付けてレースに出走しますが、中でも、レースに集中させるために装着してくる“矯正馬具”について、お話をしたいと思います。

メンコ

馬の覆面。基本的には“耳覆い”です。

耳は馬にとっての、大切な情報収集のためのアンテナで、耳の向いている方に関心が向いています。その耳がクルクル動いているのは、集中力に欠けている証拠。そこで、周りの音を遮断するために、耳を覆ってあげるんですね。

また、ゲートが開く時の大きな音に驚いて、ゲートから出ない、出遅れるなんてこともあります。それを防ぐためにも、耳を覆ってあげるのです。

さらに、前の馬が蹴ったダートの砂が顔に当たるのを嫌がる馬にも、効果があります。

せっかく被るのですから、ファッショナブルで、オシャレなデザインのものも、最近では多く用いられています。パドックの華のひとつでもあります。

調教・血統・矯正馬具とは?

シャドーロール

馬の中には、自分の影に驚く馬もいます。そんな馬には、フワフワのボワ状のものを鼻の頭に乗せてあげると、下が見えなくなって、驚かなくなる。それがシャドーロール。

また、後ろのトモ脚で蹴った力を、前脚の２本がパパンと受けて、屈腱がしなって、力を増幅させて、前に進むと書きましたよね。その際、首をグイッと前に出すのですが、その首がキリンのように上を向いていたら？　そう、力は上方向に行ってしまいます。そういう馬の走り方を、“首が高い”とか、“頭が高い”と言います。

じゃ、どうしたら適切な角度で首を前に出してくれるだろう…と考えた時、下を見えなくすれば、必然的に下を見ようと首を下げるのではないかと考えられたのが、シャドーロールでもあります。

また、東京ダート1600mや、中山ダート1200mなど、芝スタートで、途中からダートに入るコ

ースもあります（83ページ参照）。途中で地面の色が変わると、たまにそこをピョンと跳んでしまう馬もいて。跳んでる間は、推進力が働きません。約0.2秒で1馬身ですから、跳んで、降りたら、だいぶ遅れをとってしまいます。その境目を見せないのも、シャドーロールの役目だったりするのです。

これであなたも
競馬通

『気性が荒い…』

オルフェーヴルは、新馬戦で1着になったあと、鞍上の池添騎手を振り落とすやんちゃ振りを見せ、ウイナーズサークルでの記念撮影が出来ませんでした。実は菊花賞を勝った時も、ゴール入線後、池添騎手を振り落としています。

さらにスゴいのが、2012年、4歳になって最初のレースだった阪神大賞典。2周目の3コーナーで、いきなりの失速。「故障か？」と場内から悲鳴すら上がりましたが、オルフェーヴルはそこから再び加速。勝利こそ逃したものの、勝ったギュスターヴクライから、半馬身差の2着にまで追い上げたのです。このことは、逆にオルフェーヴルの規格外の強さを示す出来事に。後々まで、語り継がれる“珍事”となりました。

また、ゴールドシップもムズカしい馬。スタートの大出遅れがある一方で、強い時は、ねじ伏せるような走りで、ライバルたちを一蹴していました。

単勝1．9倍の圧倒的な1番人気に支持された、2015年の宝塚記念でも、まさかの大出遅れで15着敗退。それでも、このレースで騎乗した、主戦ジョッキーのひとり、横山典弘騎手はレース後の記者会見で、「これも込みでアイツの個性。それを応援してもらえたら」と語っていたのが印象的でした。

ブリンカー

馬は、首の後ろ以外、350°視野があると書きました。集中力の無い馬は、あっちキョロキョロ、こっちキョロキョロ。これではレースに集中出来ません。

また、臆病すぎると、まだずーっと後ろにいるライバルが視界に入るや、「うわっ、もう来た…」と、早々に闘争心を失ってしまう場合も。

そうならないように、目の脇に、お椀を２つに割ったようなものを着けてあげる。これがブリンカーです。

ブリンカーを着用すると、視界が限定され、前しか見えなくなるので、馬がレースに集中し、怖がりな面が解消される。そうなれば、勝負強さを発揮出来るようになるかもしれませんよね。

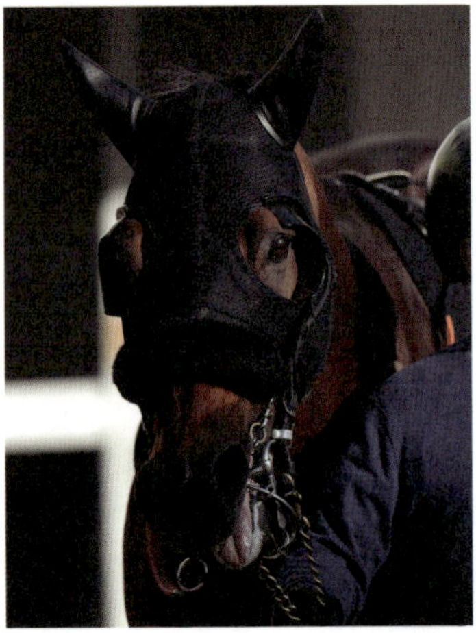

ブリンカーは、**初めて着けた時**と、**逆に外した時**にも効果が大きいとされます。

ブリンカー着用の際には、必ず事前の申請が必要で、馬柱に“B”の表記があります。見逃さないようにして下さい。

チークピーシーズ

ブリンカーほどではありませんが、後ろの視界を遮ってあげるもの。両頬にボワ状のフワフワを付けてあげます。

頬＝チーク、欠片＝ピース、その複数形でチークピーシーズです。

これを頭に乗せた、ブローバンドというのもあります。正式名称は**シープスキン・ブローバンド**。上後方を見えにくくするものです。

ホライゾネット

パシファイヤーとも呼ばれ、茶こしのような、目穴の部分が網状になったもので、目を覆います。

この効果のひとつには、イレ込みやすい馬の目をわざと見えづらくすることで、パドック周回の際の人の目や、レース中の周りのあれこれを気にさせないなどの効果が。もうひとつには、前の馬が蹴ったダートの砂が、目に当たるのを防ぐ狙いもあるようです。

これであなたも
競馬通

『馬具あれこれ』

ブリンカーは“遮眼帯（しゃがんたい）”とか“遮眼革（しゃがんかく）”とも呼ばれます。

ホライゾネット（パシファイアー）を着けると、馬の顔はまるで蠅のよう(失礼！)。

稀に見るブローバンド（写真）着用馬は、まるでお風呂上がりみたい(笑)。パドックで、女性ファンから「カワイイ！」と声が上がったりもします。

第5章

長谷川流予想で馬券的中！

ここまで、競馬に関する、あれこれを書いてきました。まったく知らなかったことがボンヤリ見えてきたり、輪郭がぼやけていたものがハッキリとしてきたら、うれしいです。
さぁ、ここからは実践編。赤ペンを持って、競馬新聞を開いて下さいね。

予想の手順、ポイント

まずは基本的な確認事項をおさらいしていきましょう。

競馬新聞を開いて、お目当てのレースの出馬表を出しましたか？

右端のレースのプロフィールを見て、次のことを確認しましょう。

要チェック！

何歳の、どのクラスのレースか
負担重量はハンデキャップか、それ以外か
芝なのか、ダートなのか
距離は何mか
どこの競馬場なのか、右回りか、左回りか
また、直線は長いのか、短いのか
坂はあるのか、無いのか

これが基本の確認事項です。

レースの全体像を把握したら、いよいよ予想に入ります。

まずは、競馬記者の予想欄を見て、世の中の考える人気をチェック。どの馬が人気になるのか、人気が集中しそうか、それとも分散しそうなのかを念頭に置きます。

2019年10月27日東京11レース天皇賞・秋

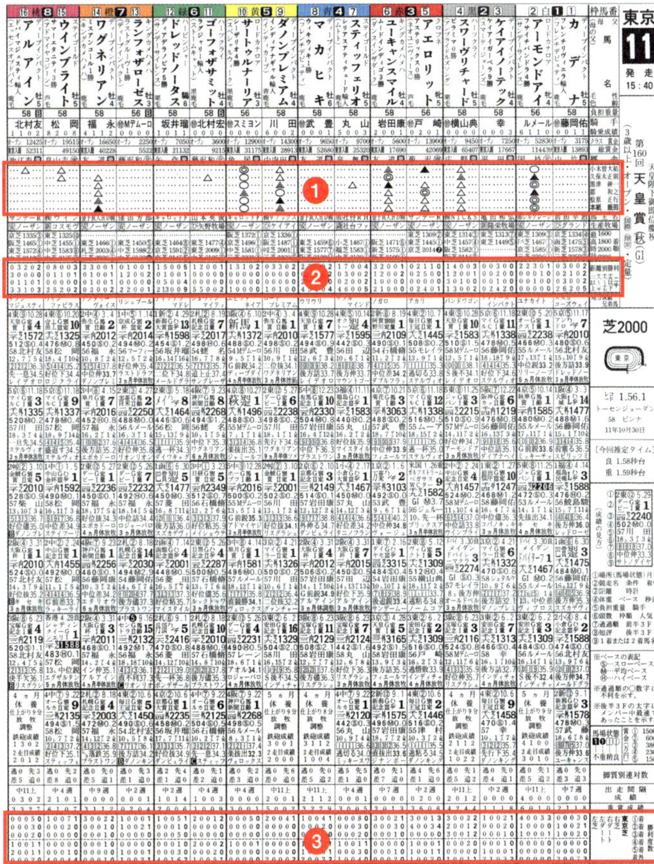

競馬予想の手順

❶競馬記者の予想欄を見て、世の中の考える人気をチェック
❷距離の欄をチェック
❸コースの欄をチェック

そうしたら、最初に距離の欄をチェック。このレースの当該距離が得意な馬を見つけたら、赤で印を付けましょう。

次に馬柱の下まで下りて、コースの欄をチェック。右回り、左回りを見比べ、次に具体的にこのコースが得意かどうかを調べます。得意な馬がいたら、ここも赤で印を付けましょう。

ちなみにすべてが〔００００〕の場合は“初”ですから。初芝や初ダートの時には、血統などから可能性を探るようにして下さい。

また、“何をして得意と言うのか”ということなんですが、ボクは３着以内の回数が、出走回数の半分を上回っている場合を“得意”としています。〔１２１１〕とか、〔０３２１〕もそう。もちろんこれは、個人の感覚です。あなたが、あなたのルールで自由に決めて下さい。

上に戻って、斤量です。レースに名前の付いていない平場のレースでは、見習い騎手の減量があります。乗り替わりなどで、前走から斤量が減っていたなら、その減量マークを赤で塗り、減量の恩恵があることを強調しておきましょう。

続いて、ブリンカーのチェック。特に、初ブリンカーの馬がいないか、逆に外してきた馬はいないかを探します。

ブリンカーを装着する場合、Ｂの文字が（この新聞だと斤量の右に）あります。成績欄の前走のコマを見て、前走もブ

2019年11月23日東京8レース(平場)

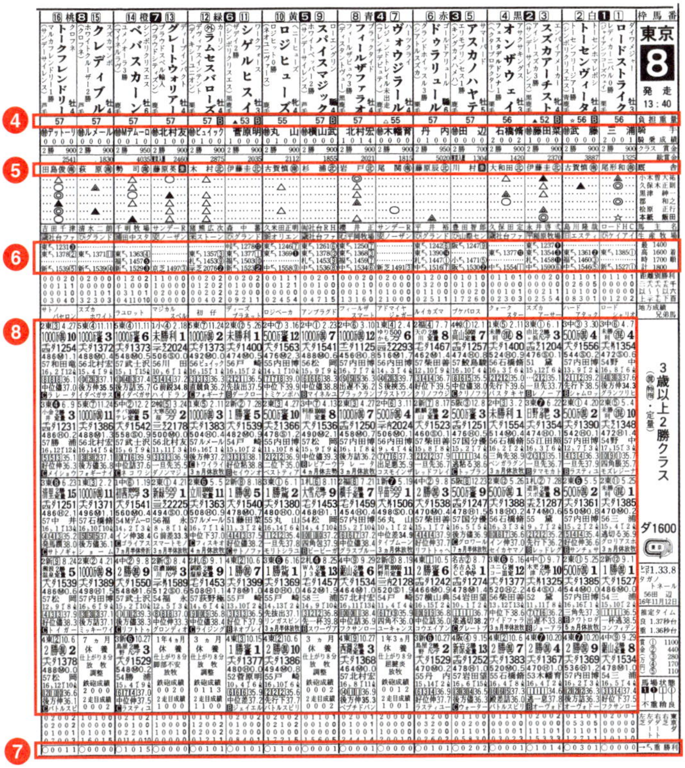

❹斤量、ブリンカーをチェック
❺既舎をチェック
❻持ち時計をチェック
❼重の実績欄をチェック
❽成績欄で近何走かの成績を細かく見ていく

リンカーを着けていれば、その中にＢの文字が（この新聞だと１または２着馬名の左に）ある。無ければ、今回は初ブリンカーか、ブリンカー再装着。逆に、前走にあるのに今回無ければ、ブリンカーを外してきたことになります。

初ブリンカーのＢは、特に赤で目立たせておきましょう。

その下の厩舎欄もチェックしましょう。

「えっ？」と思う人もいるかと思いますが、もし、関東圏のレースに関西馬が出走していたら、逆に関西圏のレースに関東馬が出走していたら…。

近くで競馬があるのに、わざわざ遠征するのはなぜかと考えると、その馬に適した条件を求めているからかもしれませんよね。右回り、左回り、坂の有無、メンバー構成等々…。狙って遠征して来たなら、やっぱり怖い。なので、関東のレースの関西馬、関西のレースの関東馬は、ひとつの“穴パターン”として覚えておいて下さい。

それを厩舎欄の、北、南、または栗の文字でチェックするのです。

そして、最高タイム“持ち時計”のチェックです。ここが、この馬の能力の基準になる場合もあります。特に、レースのタイムが速くなる、ダートのやや重や重の時、芝の状態がいい開幕週などには、持ち時計のチェックは必須です。

馬場が渋った時は、重の実績欄も確認して下さいね。

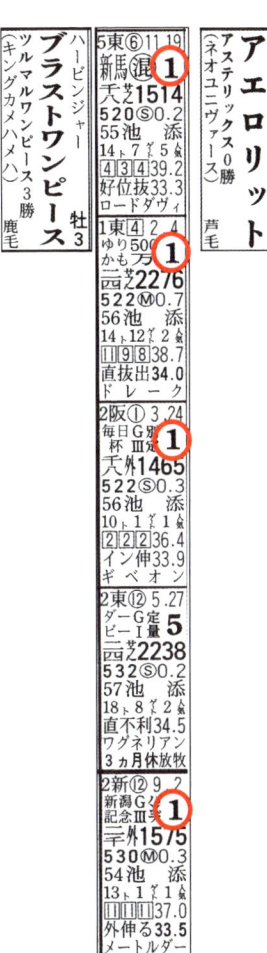

ハービンジャー
ブラストワンピース 牡3
ツルマルワンピース 3勝
(キングカメハメハ)
鹿毛

5東⑥11.19	1東4 2.4	2阪① 3.24	2東⑫ 5.27	2新⑫ 9.2	4京⑦10.21
新馬 混 1	ゆりかもめ 500万 1	毎日杯 G III 別定 1	ダービー G I 定量 5	新潟記念 G III ハンデ 1	菊花賞 G I 馬齢 4
芝1800 1514	芝2400 2276	外1800 1465	芝2400 2238	外2000 1575	外3000 3065
520Ⓢ0.2	522Ⓜ0.7	522Ⓢ0.3	532Ⓢ0.2	530Ⓜ0.3	530Ⓢ0.4
55池添	56池添	56池添	57池添	54池添	57池添
14ト7ゲ5人	14ト12ゲ2人	10ト1ゲ1人	18ト8ゲ2人	13ト1ゲ1人	18ト3ゲ1人
4 3 4 39.2	11 9 8 38.7	2 2 2 36.4		11 11 11 37.0	11 10 9 38.1
好位抜33.3	直抜出34.0	イン伸33.9	直不利34.5	外伸る33.5	中位詰34.1
ロードダヴィ	ドレーク	ギベオン	ワグネリアン	メートルダー	フィエールマ
			3ヵ月休放牧		

クロフネ
アエロリット 牝5
アステリックス 0勝
(ネオユニヴァース)
芦毛

4東②10.7	5京⑥11.18	米国 1.26重	2東⑧ 5.12	3東② 6.2	4東②10.6
毎日王冠 G II 別定 1	マイルCS G I 定量 12	ガルフストリームペガサスWCターフ 9	ヴィクトリアマイル G I 定量 5	安田記念 G I 定量 2	毎日王冠 G II 別定 2
芝1800 1445	外1600 1338	芝1900 1582	芝1600 1309	芝1600 1309	芝1800 1446
508Ⓢ0.2	516Ⓜ0.5	GI Ⓜ3.7	512Ⓗ0.4	516Ⓢ0.0	516Ⓢ0.2
55モレイラ	55ムーア	505ジェルー	55横山典	56戸崎	55津村
13ト9ゲ1人	18ト15ゲ2人	10ト先一杯	18ト11ゲ2人	16ト2ゲ3人	10ト3ゲ2人
1 1 1 35.3	1 1 1 35.0	ブリックスア	1 1 1 33.7		① 1 1 35.5
逃切る33.8	逃一杯35.0	3ヵ月半休放牧	逃粘る34.8	逃惜敗33.9	逃粘る34.5
ステルヴィオ	ステルヴィオ		ノームコア	インディチャ	ダノンキング
				4ヵ月休放牧	

前6走成績欄

2018年12月23日
中山11レース有馬記念出走のブラストワンピース(左)

2019年10月27日
東京11レース天皇賞・秋出走のアエロリット(右)

成績欄のチェックポイント

・当該クラスでの3着以内(5着以内でも可)は、着順を赤でマーク

・"逃げ"た証である 1 1 1 には、赤で線を引いていく

で、いよいよ成績欄です。近何走かの成績を細かく見ていきます。

上の古いコマから下りていき、下のクラスを走っているコマは、さらっと見るだけでもいいのですが、勝って当該クラスに上がったレースからは、しっかりと。

当該クラスでの3着以内（5着以内でも可）は、着順を赤でマーク。当該クラスに上がっても通用しているか、まったく歯が立たないのか、通用しそうか、通用しなさそうかを見ていきます。

ただし、負けている場合、敗戦の理由も考えなくてはなりません。例えば、昇級を決めたレースは得意の距離、得意のコースだったけど、昇級後はその舞台を走れていなかったとか。逃げ馬なのにペースがH（ハイ）ペースだったとか、逆に追い込み馬なのにペースがS（スロー）だったとか。単に、負け続けているというだけで「買うのはやめよう」だと、穴馬は発見出来ませんョ。

一連の、その作業の中で、"逃げ"た証である111には、赤で線を引いていきます。なぜなら、展開のカギを握るのは逃げ馬だから。逃げ馬の数が多ければ、ペースはH（ハイ）になりやすく、少なければS（スロー）になりやすい。111で走った馬が、出走馬の中にどれくらいいるのかは、しっかりチェックして下さい。

どうです？　出馬表がかなり赤くなってきましたよね(笑)。

こうして馬柱をくまなく見ていると、その作業の最中に「この馬、ちょっと面白そうだなぁ」なんてことに気付いたりもするものです。赤いマークが多い馬は、馬券に絡む要素をたくさん持っている馬ということになりますよね。そういう馬から、しっかり精査していきましょう。

ここまでの、赤ペンを使った予想の作業については、ＱＲコードから、動画で見ることが出来ます。

あくまで、ボク個人の“下準備”ですが、よかったら参考にしてみて下さい。次のページに出馬表を載せたレースで実践しています。

長谷川雄啓流レース予想下準備

これであなたも
競馬通

『函館競馬場 ダッグアウトパドック』

函館のパドックには“ダッグアウトパドック”があります。

これは、パドックの電光掲示板の下に、やや掘り下げられた部屋があり、目線はグラウンドレベル（パドックの地面の高さ）となり、１本１本の、馬の脚の運びが見られるもの。普段は判断が難しい“踏み込みの深さ”も、ここで見ると、ものすごくハッキリと、わかりやすくなります。函館に行ったら、ぜひ！

2019年2月23日京都12レース（平場）

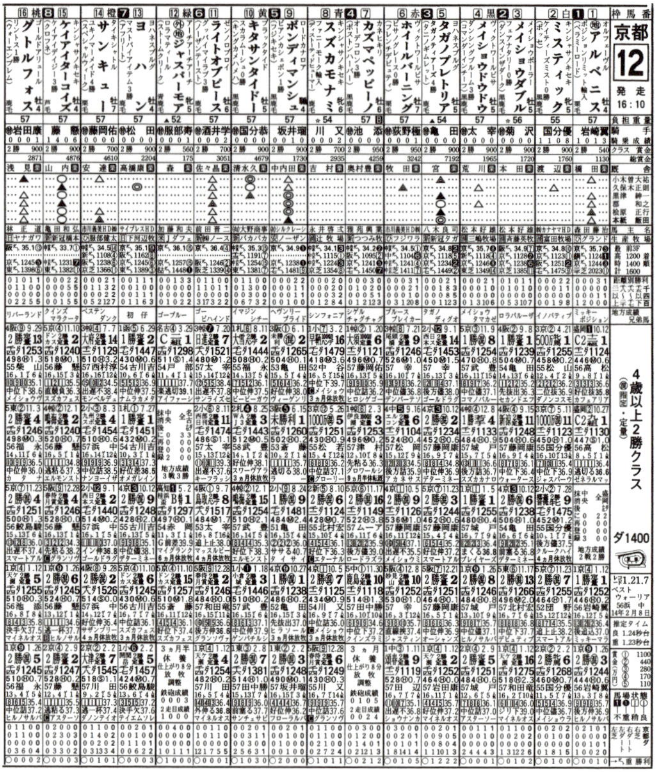

これも前で述べましたが、◎や○や▲がズラリと並んでいる馬を買って当たっても、配当は安い。なので、そんな人気馬の死角や不安材料を探して、疑問が多ければ、思い切って

狙いを下げる。逆に、印のほとんど付いていない馬に可能性を見出したなら、思い切って買ってみる。

人気馬が来ない、人気薄が来る。どちらでも、配当は大きくなりますから。そこに競馬予想の醍醐味があります。

逆に、この馬は絶対に堅いと思ったなら、自信の◎！そこからドカンと勝負するのもいいでしょう。

実は、ボクは自身のブログ『馬とおしゃべりと音楽と映画』で、週半にその週の重賞レースのデータ分析を。レース当日、または前日に、穴と狙った面白そうな推奨馬を挙げています。穴馬ですから、的中率は高くありませんが、来た時の破壊力は抜群！　もちろん無料で公開しています。よかったら、ご覧になって見て下さい。

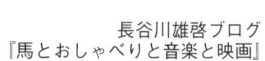

長谷川雄啓ブログ
『馬とおしゃべりと音楽と映画』

ここからは、ボクのブログの実際の記事をサンプルにして、具体的に例を挙げながら、予想の仕方を提示していきたいと思います。

人気の馬は、競馬新聞にその強さがたっぷりと書かれています。なので、人気サイドの馬はそちらに譲るとして、ここでは競馬新聞で見つける、穴馬の探し方をお話ししたいと思います。若干、自慢話になる可能性もありますが、ご了承下さい(笑)。

三角定規

その前に、ひとつ皆さんに**“三角定規”**をプレゼントしましょう。穴馬を発見するための“三角定規”です。

そもそも人気とは、人が作るもので、それを左右するのは何かと言えば、記者の予想の印と、成績欄の中の、特に着順なんですよね。着順がいいと、それだけで走るイメージが出来てしまう。逆に、着順が悪ければ、人気は下がるのです。

でも、本当にそうでしょうか？

ボクは競馬初心者講座で、いつもこう言います。

「着順で見るな。着差で見よ」。

つまり、３着でも、レースはブッチギリの２頭で決着し、勝ち馬から大きく離された３着と、８着でも、固まってドドッとゴールに入り、勝ち馬から僅差(きんさ)の８着だったら、後者のほうに価値がある。

なのに、単純に３と８の数字を見比べて、３がいいと思ってしまうんですね。

裏を返せば、そんな８着の馬は、今回は人気にならないはず。ならば、**“狙って美味しい穴馬”**ということになりませんか？

そこで使うのが、“三角定規”です。何の“三角”かと言うと、『**１キロ＝１馬身＝約０．２秒**』。

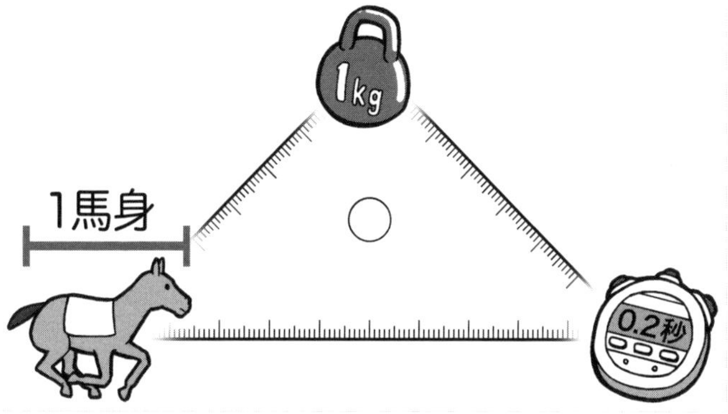

「概ね、負担重量が１キロ変わると、１馬身違う」。

“１秒＝６馬身”なので、“１馬身＝0.1666…秒”。イメージするために、**「１馬身＝約０.２秒」**と書きました。

「１キロ＝１馬身」ならば、**「１キロ＝約０.２秒」**になりますよね。

つまり、〔図〕。

この“三角定規”を、常に頭の中に置いておきましょうということなんです。

先の、赤ペンで成績欄に印を付ける作業に、もうひとつ、**“着差が小さい時は、赤でマークする”**を加えて下さい。

何秒差なら着差が小さいのかは、これもあなたが決めて下さい。ボクは０秒５（約２馬身半～３馬身）までだと、“小さい”としています。

この後お話する具体例の中にも、この“三角定規”を使った話が、たくさん出てきます。覚えておいて下さいね。

長谷川流予想で馬券的中!

それではサンプルを挙げていきます。

予想のポイントと実際のボクのブログの文章を表記。句読点など、若干の修正はありますが、ほぼ、そのままにしてあります。

CASE1

2019年11月23日(土)
東京8R　3歳以上2勝クラス
ダート1600m・定量　16頭

特注馬

2枠2番トーセンヴィータ
10番人気2着

展開　コース　ブリンカー　減量

東京ダ1600mは抜群の成績を誇る。
休み明けで格上げ初戦。前走の敗戦は致し方ない。
一度外したブリンカーを、今回再びの装着。
☆武藤騎手で1キロ減も、間違いなくいい。前進必至。

ざっくりとした文章ですが(笑)、トーセンヴィータはそのレース前、ダート1600mが〔1501〕、東京ダートが〔1511〕。

まさに、「距離とコースが得意な馬は、それだけで来ちゃうことも」(P.63)の典型的なパターンです。

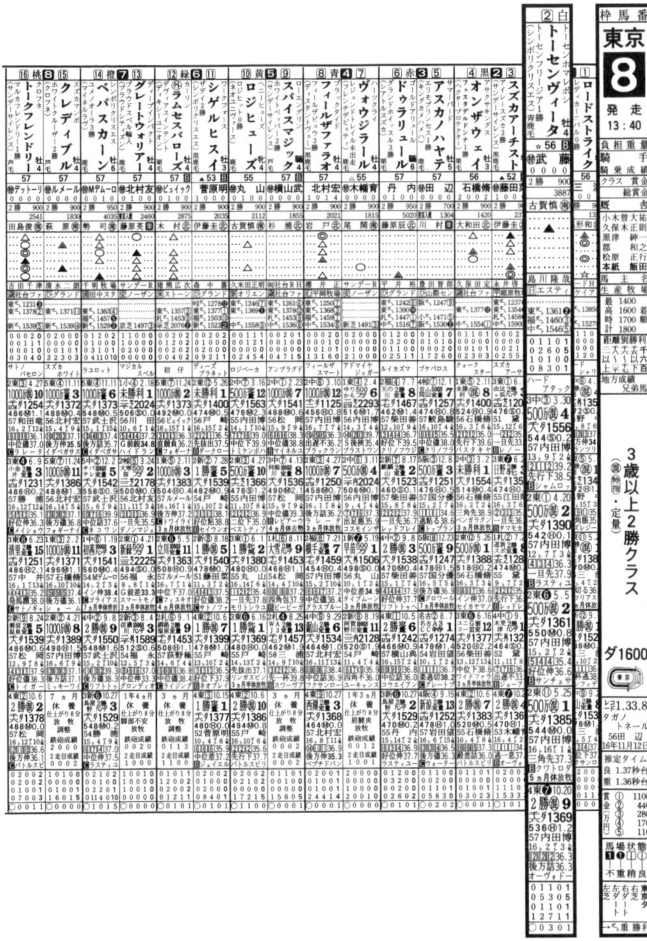

前走の９着は、文中にもあるように、休み明けの格上げ初戦。前々で競馬をするタイプの馬が、後ろからのレースになって、それでも最後は４コーナー 12 番手から９着へと差を詰めたところに、光明は見出せていました。

休む前の５月 25 日、東京ダート 1600 ｍで、１勝クラス

(500万) を勝った時も、その前にもBがあって、ブリンカーを着けていたのに、前走はBが無く、ブリンカーを外して臨んだと。今回、再装着のB。その効果にも期待しました。

斤量の☆は、減量の恩恵ありで、前走57キロから56キロへ。『1キロ＝1馬身』ですから、プラスにこそなれ、マイナスにはなりません。

実際、このレースで、トーセンヴィータは1分35秒5の2着。3着だったスパイスマジックは1分35秒6、4着ヴォウジラールが1分35秒7。ここまで0秒2差。"三角定規"を使えば、『1キロ＝約0．2秒』ですから、減量が無ければ、着順が変わっていた"かも"しれませんよね。

2019年11月23日　5回東京7日
8R　3歳以上2勝クラス

着順	枠番	馬番	馬名	性齢	斤量	騎手	タイム着差	人気	馬体重	増減	厩舎
1	4	⑧	フィールザファラオ	牡4	57	北村宏	1:35.3	④	466	+2	岩戸
2	1	②	トーセンヴィータ	牡4	56	武藤	1 1/2	⑩	546	+10	古賀慎
3	5	⑨	スパイスマジック	せん4	57	横山武	1/2	⑯	470	+8	杉浦
4	4	⑦	ヴォウジラール	牡4	55	木幡育	3/4	⑭	530	+10	尾関
5	8	⑮	クレディブル	牡4	57	ルメール	2	⑧	510	+12	萩原

[配当]

単勝　⑧　620円
複勝　⑧　280円
　　　②　480円
　　　⑨　2230円
枠連　1－4　2990円

ワイド　②－⑧　2130円
　　　　⑧－⑨　6170円
　　　　②－⑨　18180円
馬連　②－⑧　8190円
馬単　⑧→②　15390円
3連複　②－⑧－⑨　149650円
3連単　⑧→②→⑨　566430円

CASE2

2019年6月8日(土)
東京11R　多摩川S　3歳以上3勝クラス
芝1600m・ハンデ　18頭

特注馬

8枠18番ファストアプローチ
16番人気1着

展開

とにかく逃げ馬が穴を開けるレース。ハナに行く馬を探したい。
加えて外枠の馬が好走の傾向にあるとすれば、狙いは⑱ファストアプローチ。
雨でやや時計が掛かるのも、この馬には向く。3着に粘っても、馬券はデカくなる。

これは展開の読みがハマったパターン。昇級2戦目でしたが、逃げれば渋太い馬で、56キロのハンデは決して軽くはないのですが、これはハンデキャッパーが、この馬の力を見込んでいる証しかも、との裏読みもありました。

“逃げ馬が穴を開ける”、“外枠の馬が好走の傾向にある”などのデータが、なぜわかるのかと言うと、『週刊ギャロップ』や、『週刊競馬ブック』などの**競馬週刊誌**に出ているから。重賞や特別戦に関しては、過去数年のデータが表になって載

東京 11 発走 15:45

多摩川ステークス（たまがわ）

（3歳以上・3勝クラス・(混)[指定]・ハンデ）

芝1600

レコード 1.30.5 ノームコア 55 レーン 19年5月12日

〔今回推定タイム〕
良 1.32秒台
重 1.34秒台

枠馬番	馬名	性齢	父	母（母の父）	負担重量	騎手
2 白	エルプシャフト	牡6	ディープインパクト	ビワハイジ4勝（カーリアン）	55	三浦
3	リカビトス	牝5	ディープブリランテ	エンシェントヒル7勝（エンドスウィープ）	54	ルメール
4	ラセット	牡4	モンテロッソ	[illegible]（アグネスタキオン）	56	柴山
5	ペルソナリテ	牝6	ステイゴールド	[illegible]（アドマイヤコジーン）	53	丹内
6	アシュリン	牝4	マンハッタンカフェ	アンティックドール1勝（フサイチペガサス）	53	石川裕
7	アンブロジオ	牡4	ローズキングダム	アンティフォナ1勝	56	津村
8	ミュージアムヒル	牝4	ハーツクライ	ロレットチャペル0勝（フレンチデピュティ）	54	戸崎
9	トーセンブレス	牝4	ディープインパクト	ブルーミンバー7勝（ファルブラヴ）	54	柴田善
10 黄	サトノキングダム	牡6	ディープインパクト	ダリシア輸入（アカテナンゴ）	55	Mデムーロ
11	エスターテ	牝4	ベーカバド	トウカイメガミ0勝（サンデーサイレンス）	52	松岡
12 緑	メイショウオーパス	牡4	メイショウボーラー	マンハッタンミーティ1勝（マンハッタンカフェ）	56	横山典
13	ルーカス	牡4	スクリーンヒーロー	メジロフランシス0勝（カーネギー）	56	レーン
14	チャンピオンルパン	牡8	ハーツクライ	マイマスタートップ1勝（ウォーニング）	55	横山和
15	パティスティーニ	牡6	キングカメハメハ	バプティスタ3勝（サンデーサイレンス）	55	石橋脩
16	レオナルド	牡6	アドマイヤムーン	[illegible]	54	内田博
17	[illegible]	牡4	ディープインパクト	[illegible]	[illegible]	山[illegible]
18	ファストアプローチ	騸4	ドーンアプローチ	ジョリージョコンド輸入（マルジュ）	56	木幡育

18 ファストアプローチ：栗毛 騸4 56 木幡育 0000 3勝 1600 総賞金4745 厩舎 藤沢和(北) 馬主 山本英俊 生産 ノーザン
東芝1240④ 東芝1340⑮ 東芝1452⑦ 東芝2009①
距離別勝利：01010 / 03000 / 00000 / 02414
兄弟馬：シークレットアイズ
近走：3中⑤4.7 ニュージーG II 馬齢 6 天外1345 544Ⓜ0.3 56田辺 … / 2東⑥5.6 NHK 定量 15 天芝1340 530Ⓜ1.2 57蛯名 18,2,14 直不利35.8 ケイアイノーテック 3ヵ月休放牧 / 1札④8.5 藻岩山1000万 ハンデ 2 天芝1471 540Ⓜ0.6 54モレイラ 9,6,12 … 一位粘36.2 ミッキーチャーム / 2札⑥9.1 日高1000万 定量 13 三芝2058 550Ⓜ2.2 54Mデムーロ 16,13,1 先一杯39.3 カリビアンゴールド 5ヵ月半休去勢 / 1東⑧2.17 1000万 1 三芝2009 544Ⓢ0.1 56ルメール 9,3,2 逃切る34.4 トラストケンシン 3ヵ月休放牧 / 2東⑫5.26 むらさき賞1600万 ハンデ 7 天芝1452 542Ⓢ0.8 56福永 10,10,6 ②②② 先一杯34.9 フランツ
逃1 先3 差1 追0 / 中1週 / 0000 / 0306 / 10011 / 00030 / 10011 / 00000 / 20032 / 00000

〔成績の見方〕
① 2東⑫5.29
② ダービーG I 定量 1
③ 四芝2240
④ 502Ⓜ0.0
⑤ 57川田
⑥ 18,3,3
⑦ ⑧⑧⑧37.0
⑧ 中位伸33.3
⑨ サトノダイヤ

①場所（馬場状態）月日
②競走名 条件 着順
③距離 時計
④体重 ペース 秒差
⑤負担重量 騎手
⑥頭数 枠順 人気
⑦通過順 前半3F
⑧短評 後半3F
⑨1着または2着馬名

※ペースの表記
Ⓢ…スローペース
Ⓜ…平均ペース
Ⓗ…ハイペース

※通過順の○数字は不利を示す。

※後半3Fの太字はメンバー中最速であったことを示す。

馬場状態 不 重 稍 良

賞金（万円）	
①	1820
②	730
③	460
④	270
⑤	182

脚質別連対数
出走間隔成績
特別成績
東京芝 右芝 右ダート 左芝 左ダート
コース別勝利度数 ①着 ②着 ③着 ④着 ⑤着 着外
芝重巧拙・勝利度数

っています。それを自分なりに分析し、記事として掲載されているものも読んだりして、そのレースの傾向を掴むようにしています。

このレース、16番人気がまんまと逃げ切って、単勝5860円！

2着に1番人気のサトノキングダムで、馬連25780円、馬単63420円！

ボクは馬券の種類に3連複をチョイス。2頭軸の相手も穴馬にして、撃沈…。素直に馬連でいいのに。ワイドでも8450円…。後悔しきりでした(笑)。

2019年6月8日　3回東京3日
11R　多摩川S　3歳以上3勝クラス

着順	枠番	馬番	馬名	性齢	斤量	騎手	タイム着差	人気	馬体重	増減	厩舎
1	8	⑱	ファストアプローチ	セン4	56	木幡育	1:33.0	⑯	544	+2	藤沢和
2	5	⑩	サトノキングダム	牡6	55	M.デムーロ	3/4	①	474	+8	国枝
3	8	⑰	トライン	牡4	55	松山	クビ	③	458	±0	浜田
4	3	⑥	アシュリン	牝4	53	石川	クビ	⑦	464	-4	松永幹
5	5	⑨	トーセンブレス	牝4	54	柴田善	アタマ	⑩	470	±0	加藤征

[配当]

単勝	⑱	5860円
複勝	⑱	1560円
	⑩	240円
	⑰	300円
枠連	5-8	2270円
ワイド	⑩-⑱	8450円
	⑰-⑱	9030円
	⑩-⑰	1330円
馬連	⑩-⑱	25780円
馬単	⑱→⑩	63420円
3連複	⑩-⑰-⑱	78320円
3連単	⑱→⑩→⑰	566430円

CASE3

2019年6月22日(土)
函館9R　3歳以上1勝クラス
牝馬限定　芝1200m・定量　14頭

特注馬

6枠9番ファンシャン
10番人気3着

コース　減量

札幌芝〔1110〕の洋芝巧者。
3歳牝馬に加え、▲団野騎手起用で49キロで騎乗できるのは大きい。

札幌と函館は寒冷地。競馬場の芝コースには、そんな気候でもしっかり育つ、洋芝が植えられています。野芝と比べると、粘り気があって、走るのに力が要ると言われる洋芝。小回り、平坦で、直線も短く、季節は初夏。そのどの要素が、この馬に向いたのかは決めつけられませんが、総じて北海道の洋芝のコースは合うのかなと。

ファンシャンは3歳牝馬。5月末に日本ダービーが終わり、6月からは次の世代の2歳新馬がデビューしてきます。そうなると、3歳馬は4歳以上のお兄さん、お姉さん（古馬（こば））に混じって、“3歳以上”で走ることになる。

枠	馬番	馬名	父	母(母父)	性齢・毛色	負担重量	騎手	騎乗成績	クラス 賞金	総賞金	厩舎
桃8	14	トーセンオパール	スウェプトオーヴァーボード	トーセンクリア0勝(ダンスインザダーク)	牝3 芦毛	▲49	菅原明	0002	1勝 400	1589	小笠(北)
桃8	13	ヴィーナスフローラ	ハーツクライ	サバス輸入(キングマンボ)	牝5 栗毛	55	藤岡康	1004	1勝 450	2315	須貝尚(栗)
橙7	12	(地)ピュアドリーマー	トビーズコーナー	マイドリーマー0勝(アグネスフライト)	牝3 栗毛	52	古川吉	0001	1勝 80	地方収得賞金 602	高柳大(栗)
橙7	11	ブラックダンサー	ブラックタイド	クーリドフレイズ0勝(ジャイアンツコーズウェイ)	牝3 黒鹿毛	52	石川裕	0001	1勝 400	952	高野(栗)
緑6	10	ヤマニンベリンダ		マダニナ3勝(サドラーズウェルズ)	牝 黒鹿毛	☆54	富田	0000	1勝 20	77	星野(南)
6	9	ファンシャン	トーセンラー	ボムシェル2勝(キャプテンスティーヴ)	牝3 栃栗毛	▲49	団野	0000	1勝 400	980	畠山吉(南)
黄5	8	ヴーディーズピアス	ヨハネスブルグ		牝4	55	田	00	400	757	公(栗)
黄5	7	グッドワード	クロフネ	ブライダルブーケ0勝(ゴールドアリュール)	牝4 芦毛	☆54	坂井瑠	0000	1勝 400	1090	高橋忠(栗)
青4	6	ポルボローネ	フレンチデピュティ	ボーンザスカイ0勝(タイキシャトル)	牝7 栗毛	▲52	亀田	0000	1勝 450	3137	作田(栗)
青4	5	ニシノコデマリ	スウェプトオーヴァーボード	ニシノッツインクル2勝(ヨハネスブルグ)	牝4 鹿毛	55	勝浦	0011	1勝 400	890	松山将(南)
赤3	4	ニシノオトコマサリ	リーチザクラウン	ゴールドアシュレイ公営(マヤノトップガン)	牝4 青鹿毛	55	黛	0002	1勝 400	830	加藤和(北)
赤3	3	ルメッサージュ	ヨハネスブルグ	チアズメッセージ5勝(サンデーサイレンス)	牝3 青鹿毛	☆51	武藤	1001	1勝 400	地方収得賞金 700	大和田(北)
黒2	2	ホーマーレ	シニスターミニスター	ドゥオナー0勝(ダンスインザダーク)	牝4 鹿毛	☆54	横山武	0000	1勝 400	地方収得賞金 1135	奥村武(南)
白1	1			ブリームス3勝(フジキセキ)	鹿毛	52	北村	00	1勝		安田隆

6 9 ファンシャン 牝3
トーセンラー
ボムシェル2勝(キャプテンスティーヴ) 栃栗毛
▲49
団野 0000
1勝 400
980
畠山吉(南)
(有)ターフS
浦 エムエム
福芝 34.5⑫ 小芝 1103⑧ 京芝 1237⑦
0 0 0 1 1 / 0 0 0 1 1 / 0 0 0 1 1 / 0 0 0 5 3
マイネル トルペード

4京②10.7 りんどう 500万 牝 7	3福④11.11 福島2歳 500万 12
西外1237	芝1111
420⑤1.0	422Ⓗ0.6
54 幸	54 柴山
10ト9ゲ9人気	16ト9ゲ12人気
⑥⑥⑤36.1	好位下36.6
中位儘35.6	ジャカランダ
プールヴィル	3ヵ月休放牧
1小③2.16 かささぎ 500万 8	1小❽3.3 萌黄 500万 5
芝1103	芝1112
430Ⓜ0.7	426Ⓗ0.7
54 丸田	54 丸田
16ト11ゲ12人気	12ト11ゲ8人気
⑧⑧⑨35.0	⑤②②34.7
中位儘35.3	外回る36.5
ラミエル	ファイトフォ
1新⑤5.11 はやぶさ 500万 11	
千直56.4	
426Ⓗ1.2	
54 丸田	
16ト1ゲ14人気	
……⑩22.9	
中位下33.5	
ナーゲルリン	

0 0 0 1 0 / 0 0 0 1 0 / 0 0 0 1 0 / 1 0 0 4 0 / ○0 0 0 1

枠馬番

函館 9

発走 14:15

負担重量 / 騎手 / 騎乗成績 / クラス 賞金 / 総賞金 / 厩舎

藤本 貴久
小松 真也
谷口 弘晃
志村 竜一
山口 瞬
本紙

馬主名 / 生産牧場

最高時計 前3F 1200 1400 1600 着順

距離別勝利 二千以上 千八～二千 千六～千七 千五以下 千二百

地方成績 兄弟馬

3歳以上1勝クラス
(牝馬 指定・定量)

芝1200

レコード 1.06.8 ジューヌエコール 50北村友 17年6月18日

推定タイム 良 1.08秒台 重 1.10秒台

賞金(万円)	
①	750
②	300
③	190
④	110
⑤	75

馬場状態 不 重 稍 良

函館芝 右芝 右ダート 左ダート 左芝

→芝重勝利

この時期の３歳は、人間で言うと、高校を卒業するかどうかの年齢。そこで３歳馬は、“社会人”たる４歳以上の馬に比べて、３キロ軽くしてもらえるんですね。これを**“エイジ・アロウワンス”**と言います。『１キロ＝１馬身』ですから、３馬身のアドバンテージが出来るわけです。

加えて、▲の団野騎手ですから、**見習い騎手**の減量で、さらに３キロ減となり、ファンシャンは４歳以上のお姉さん（牝馬限定）に比べると、“計６キロ＝６馬身”のアドバンテージがありました。

実は、４着のヴィーナスフローラ（５歳）とは、僅かにハナ差。まさに減量の恩恵ですよね。

2019年6月22日　1回函館3日
9R　3歳以上1勝クラス

着順	枠番	馬番	馬名	性齢	斤量	騎手	タイム 着差	人気	馬体重	増減	厩舎
1	1	①	フォレブルート	牝3	52	北村友	1:09.7	①	436	-2	安田隆
2	5	⑦	グッドワード	牝4	54	坂井瑠	ハナ	②	484	+2	高橋忠
3	6	⑨	ファンシャン	牝3	49	団野	3	⑩	422	-4	畠山
4	8	⑬	ヴィーナスフローラ	牝5	55	藤岡康	ハナ	⑦	496	-12	須貝
5	4	⑤	ニシノコデマリ	牝4	55	勝浦	クビ	③	422	-4	松山

［配当］

単勝	①	230円
複勝	①	140円
	⑦	170円
	⑨	690円
枠連	1-5	610円
ワイド	①-⑦	370円
	①-⑨	1880円
	⑦-⑨	2420円
馬連	①-⑦	620円
馬単	①→⑦	1030円
3連複	①-⑦-⑨	6440円
3連単	①→⑦→⑨	19080円

CASE4

2022年1月15日(土)
中山8R　4歳以上2勝クラス
ダート1800m・定量　15頭

特注馬

8枠15番ホウオウルバン
6番人気1着

ブリンカー　枠順　同一厩舎2頭出し

昇級初戦になるが、こちらも初ブリンカー。加えて、大外枠は好材料と見る。
出遅れて捲っての競馬になりそうだが、内田騎手なら、腕っぷしの強さで追ってくれる。
池上厩舎の2頭出し。ここは、『2頭出しは人気薄』の格言を信じたい。

2021年1月の初勝利から4戦して勝ちがなく、約半年の休養を挟んだ前走、クビ差の接戦で1勝クラスを勝ち上がりました。

厩舎も、「勝ったのは能力。でも不器用な競馬しかできていない」とコメント。確かな能力を感じさせながら、それを発揮しきれないもどかしさを、初めてのブリンカーが補わないかと推理。ブリンカー装着馬には、他馬を気にする面があると推測すれば、ごちゃつく内枠よりも、外枠が好材料にな

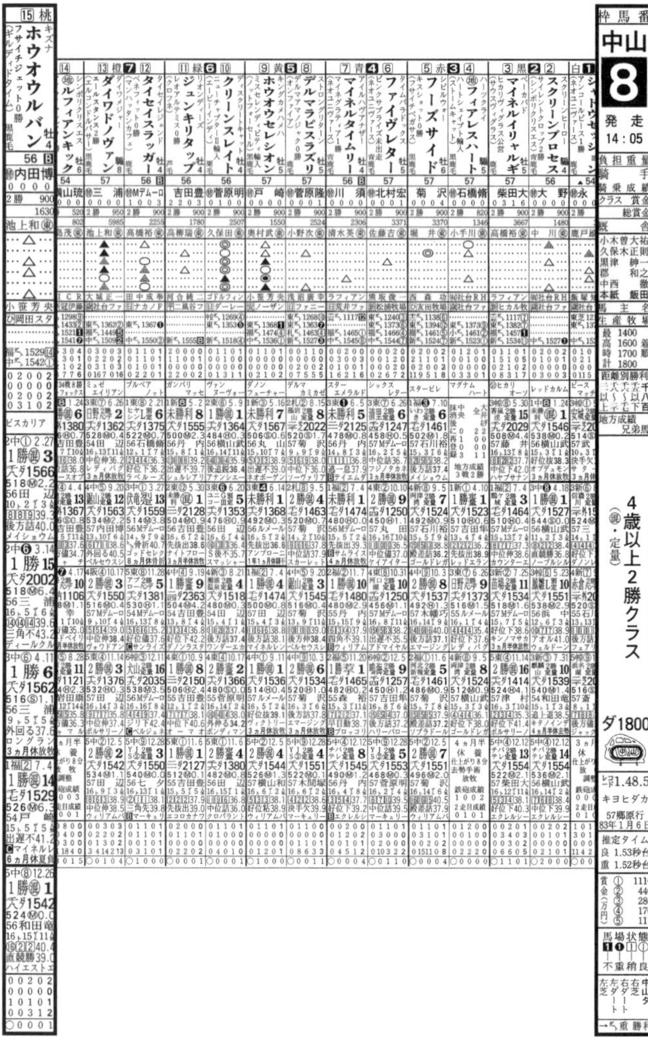

ることもあります。事実、"大外枠の初ブリンカー馬"が穴をあけるのを何回も見てきました。

ホウオウウルバンは、ブリンカーの効果が大きかったようで、近走で見せていた出遅れもなく、好スタート。２番手から抜け出して、３馬身差の圧勝。続く３勝クラスも勝って、３連勝でオープン入りを決めています。

ちなみに、このレースに、池上厩舎はもう１頭、ダイワドノヴァンという馬を出走させていて、こちらは４番人気。競馬新聞の印では、もっと大きな差がありましたが、『２頭出しは人気薄』の格言通り、印の少ないほうのホウオウルバンが１着。ダイワドノヴァンは４着に敗れています。

何を根拠にした格言かはわかりませんが(笑)、先人の経験からの言葉？　意外とよく当たるんですョ。覚えておくといいかもしれませんね。

2022年1月15日　1回中山5日
8R　4歳以上2勝クラス

着順	枠番	馬番	馬名	性齢	斤量	騎手	タイム着差	人気	馬体重	増減	厩舎
1	8	⑮	ホウオウルバン	牡4	56	内田博	1:53.7	⑥	524	±0	池上
2	7	⑫	タイセイスラッガー	牡4	56	M.デムーロ	3	③	532	-8	高橋裕
3	6	⑩	クリーンスレイト	牡4	56	菅原明	2 1/2	①	490	+8	久保田
4	7	⑬	ダイワドノヴァン	セン8	57	三浦	3/4	④	540	+6	池上
5	5	⑨	ホウオウセレシオン	牡5	57	戸崎圭	ハナ	②	514	-12	奥村武

[配当]

単勝	⑮	1900円
複勝	⑮	370円
	⑫	180円
	⑩	140円
枠連	7-8	2250円
ワイド	⑫-⑮	160円
	⑩-⑮	830円
	⑩-⑫	330円
馬連	⑫-⑮	6320円
馬単	⑫→⑮	15900円
3連複	⑩-⑫-⑮	5140円
3連単	⑮→⑫→⑩	54020円

CASE5

2019年6月29日（土）
函館11Ｒ　ＴＶｈ杯　3歳以上3勝クラス
芝1200ｍ・ハンデ　16頭

特注馬

8枠15番パラダイスガーデン
14番人気1着

コース　着差

このレースの特徴を挙げると、１番人気がいい。

過去５年の馬券圏内15頭中、11頭が牝馬。

後方からの競馬、特に追い込みが決まりやすい。

人気は⑬ハウメアか、⑪ホウオウカトリーヌ？　どちらも牝馬。

追い込み勢の中では、⑭アイファープリティと⑮パラダイスガーデンが牝馬。後者が特に面白い。

休養前の３戦すべてが、ハンデ51キロ。

終いは必ず伸びて、着順こそ10、８、６着だが、勝ち馬とのタイム差は、０秒３、０秒６、０秒２。着順ほどは負けていない。

戦績からも洋芝適性は十分。このレース向きの穴馬と見た。

函館 11

発走 15:25

TVh杯

(3歳以上・3勝クラス・(混)(指定)・ハンデ)

枠馬番	馬名	性齢	毛色	父	母(母の父)	負担重量	騎手	騎乗成績	クラス 賞金	総賞金	厩舎
8 (16)	ニシオボヌール					54	長				
8 (15)	(外)パラダイスガーデン	牝7	栗毛	クロージングアーギュメント	フォービドゥンパラダイス(シニュール)	51	横山武	0000	3勝 1300	4843	粕谷
7 (14)	アイファープリティ	牝6		アドマイヤオーラ		52	藤岡康	000	3勝 1550	5887	島
7 (13)	ハウメア	牝5	栗毛	キングカメハメハ	ダイヤモンドディーバ 輸入(ダンシリ)	54	ルメール	3003	3勝 1350	7060	藤沢和
6 (12)	ニシノキントウン	牡4	黒鹿毛	クロフネ	ニシノモレ・タ3勝(タイキシャトル)	53	亀田	0000	3勝 1500	3610	北出
6 (11)	ホウオウカトリーヌ	牝3	鹿毛	マツリダゴッホ	テルヌーヴ0勝([illegible])	51	大野	2303	3勝 1600	3996	栗田徹
5 (10)	ダイトウキョウ	牡7	鹿毛	マンハッタンカフェ	マネーペニー 輸入(モナルコス)	55	武藤	0002	3勝 1350	9258	戸田
5 (9)	エスターテ	牝4	鹿毛	ベーカバド	トウカイメガミ0勝(サンデーサイレンス)	52	松岡	1004	3勝 1500	4021	伊藤伸
4 (8)	ヤマカツグレース	牝5	栗毛	ハービンジャー	ヤマカツマリリン3勝(グラスワンダー)	54	池添	1206	3勝 1175	8410	池添兼
4 (7)	コーディエライト	牝4	栗毛	ダイワメジャー	ダークサファイア1勝(アウトオブプレイス)	51	加藤祥	0000	3勝 1600	3108	佐々晶
3 (6)	ニホンピロヘンソン	騸3	黒鹿毛	ルーラーシップ	ニホンピロアブミ0勝(コマンダーインチーフ)	53	吉田隼	0000	3勝 1200	2316	安達
3 (5)	マイネルパラディ	騸5	芦毛	スクリーンヒーロー	ロージ 輸入(グリーンデザート)	55	国分恭	1002	3勝 1350	6402	田所秀
2 (4)	スワーヴアーサー	牡6	鹿毛	ヴィクトワールピサ	メイキアシー 輸入(サドラーズウェルズ)	55	武豊	0002	3勝 1550	5060	庄野
2 (3)	ペイシャルアス	牝4	栗毛	ストロングリターン	ルアス0勝(タイキシャトル)	51	古川吉	0000	3勝 1200	2694	坂口智
1 (2)	メイケイダイハード	牡4	鹿毛	ハードスパン	メイケイソフィア0勝(キングカメハメハ)	54	柴山	1000	3勝 1500	4027	中竹

枠馬番	馬名	馬主	生産牧場
8 (15)	パラダイスガーデン	[illegible]	[illegible]
7 (14)	アイファープリティ	島聡	川上悦夫
7 (13)	ハウメア	サンデーR	ノーザン
6 (12)	ニシノキントウン	西山茂行	高昭牧場
6 (11)	ホウオウカトリーヌ	小笹芳央	岡田スタッド
5 (10)	ダイトウキョウ	市川義美	オリオン
5 (9)	エスターテ	グリーンスウォード	新長浜牧場
4 (8)	ヤマカツグレース	山田博康	岡田牧場
4 (7)	コーディエライト	GIR	ノーザン
3 (6)	ニホンピロヘンソン	小林百太郎	友田牧場
3 (5)	マイネルパラディ	ラフィアン	三村卓也
2 (4)	スワーヴアーサー	NICKS	社台ファーム
2 (3)	ペイシャルアス	北所直人	[illegible]
1 (2)	メイケイダイハード	名古屋競馬	浦河小林牧場

予想: 藤本貴久 / 小松真也 / 谷口弘晃 / 志村竜一 / 山口瞬 / 本紙

芝1200

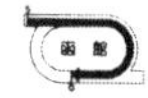

レコード 1.06.8
ジューヌエコール
50 北村友
17年6月18日

〔今回推定タイム〕
良 1.08秒台
重 1.10秒台

〔成績の見方〕
① 2東⑫5.29
② ダービーGI 定量 1
③ 芝2240
④ 502 Ⓜ0.0
⑤ 57 川田
⑥ 18、3 ゙3 ゙
⑦ 8818 37.0
⑧ 中位伸 33.3
⑨ サトノダイヤ

①場所(馬場状態)月日
②競走名 条件 着順
③距離 時計
④体重 ペース 秒差
⑤負担重量 騎手
⑥頭数 枠順 人気
⑦通過順 前半3F
⑧短評 後半3F
⑨1着または2着馬名

※ペースの表記
Ⓢ…スローペース
Ⓜ…平均ペース
Ⓗ…ハイペース

※通過順の○数字は不利を示す。

※後半3Fの太字はメンバー中最速であったことを示す。

馬場状態 不 重 稍 良

賞金(万円)	
①	1820
②	730
③	460
④	270
⑤	182

脚質別連対数

出走間隔成績

特別成績

函館芝 右芝 右ダート 左ダート 左芝
①着 ②着 ③着 ④着 ⑤着 着外 コース別勝利度数

芝重巧拙・勝利度数

長谷川流予想で馬券的中!

単勝11440円の万馬券！　自画自賛ですが、これは会心の特大ホームランでした！

レースの特徴、データは、競馬週刊誌から。で、このレースの予想のキモは、「着順で見るな。着差で見よ」です。

10着、8着、6着で見てしまったら、まず買えません。でも、『約0.2秒＝1馬身』なら、0秒3、0秒6、0秒2は1馬身半、3馬身、1馬身ですからね。十分、狙えるんですョ。

ちなみに2着はデータ通り、1番人気のハウメアで、馬連15230円。ここは手堅く馬連でゲットです！

2019年6月29日　1回函館5日
11R　TVh杯　3歳以上3勝クラス

着順	枠番	馬番	馬名	性齢	斤量	騎手	タイム着差	人気	馬体重	増減	厩舎
1	8	⑮	パラダイスガーデン	牝7	51	横山武	1:08.5	⑭	498	+6	粕谷
2	7	⑬	ハウメア	牝5	54	ルメール	1	①	480	+6	藤沢和
3	5	⑨	エスターテ	牝4	52	松岡	クビ	⑤	430	+4	伊藤伸
4	5	⑩	ダイトウキョウ	牡7	55	武藤	1 1/4	⑥	470	±0	戸田
5	7	⑭	アイファープリティ	牝6	52	藤岡康	クビ	⑫	460	+6	鮫島

[配当]

単勝　⑮　11440円
複勝　⑮　1560円
　　　⑬　150円
　　　⑨　370円
枠連　7-8　3390円

ワイド　⑬-⑮　4350円
　　　　⑨-⑮　15510円
　　　　⑨-⑬　1070円
馬連　⑬-⑮　15230円
馬単　⑮→⑬　44950円
3連複　⑨-⑬-⑮　66750円
3連単　⑮→⑬→⑨　736280円

CASE6

2019年8月25日(日)
新潟10R　朱鷺S（L）　3歳以上オープン
芝内回り1400m・別定　16頭

特注馬

2枠4番ツーエムマイスター
9番人気3着

コース　展開

「過去5年の勝ち馬は、9、6、7、1、1番人気。波乱の歴史も持つレース。
いいのは逃げ、先行馬で、近2年、1番人気とはいえ、勝ったのは逃げ馬。
今年、好枠からハナに立つのは④ツーエムマイスターだろう。
前々走は52キロの軽ハンデだったが、長い東京の、それも坂がある直線を逃げ粘って、あわやの2着に。ここに出走のライバルの多くに先着している。
直線平坦の新潟芝内回り。ハンデ分を差し引いても粘りきれないか。」

これは、ＪＲＡの全国に10ある競馬場の“個性”を考えて当てた、穴予想。

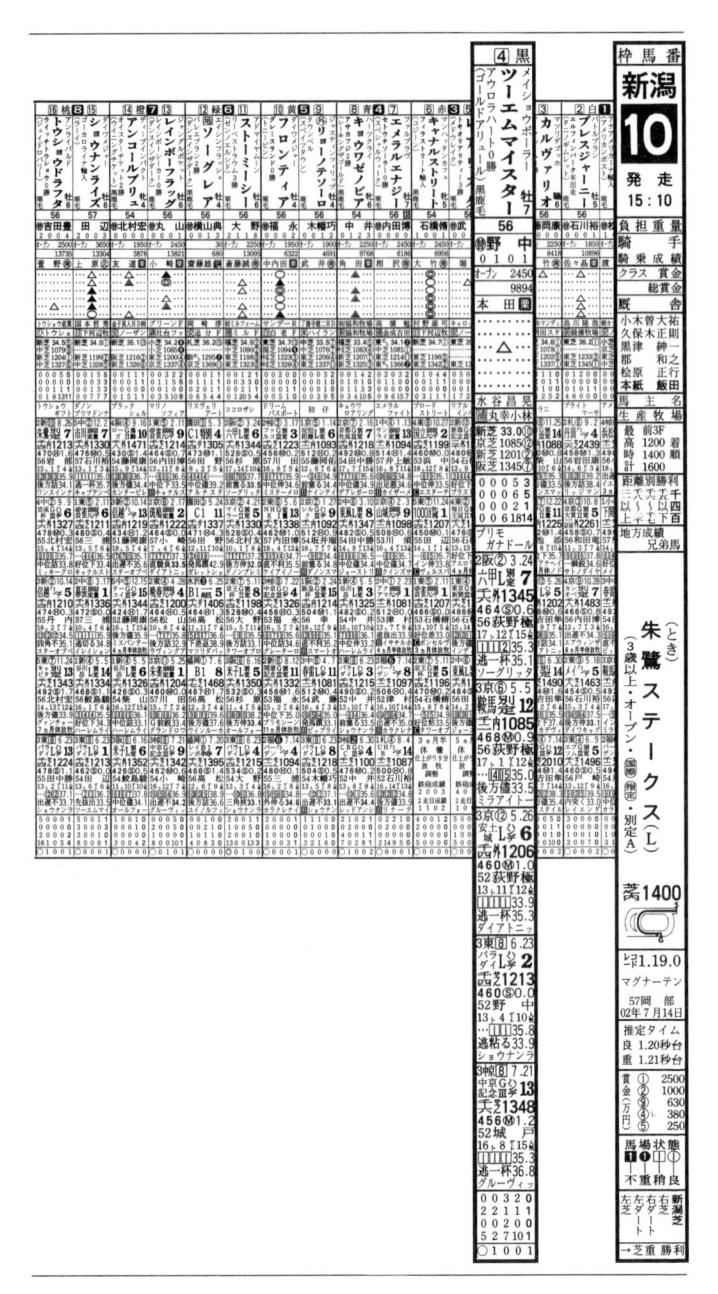

東京芝コースの直線は約525ｍで、坂があるのに対し、

新潟 10 発走 15:10

朱鷺(とき)ステークス(L)
(3歳以上・オープン・(国際)(指定)・別定A)

芝1400

レコード	1.19.0 マグナーテン 57岡部 02年7月14日
推定タイム	良 1.20秒台 / 重 1.21秒台
賞金(万円)	①2500 ②1000 ③630 ④380 ⑤250

馬場状態: 1(不) ❶(重) □(稍) ○(良)

左芝 左ダート 右ダート 右芝 新潟芝 →芝重 勝利

凡例: 枠馬番 / 負担重量 / 騎手 / 騎乗成績 / クラス 賞金 / 総賞金 / 厩舎 / 小木曽大祐 久保木正則 黒津紳一 郡和之 桧原正行 本紙飯田 / 馬主名 / 生産牧場 / 最高時計(前3F 1200 1400 1600 着順) / 距離別勝利(千四百以下 千五～千七 千八～二千二 二千三以上) / 地方成績 兄弟馬

4 黒 ツーエムマイスター

父	メイショウボーラー
母	アウロラハート0勝(ゴールドアリュール)
性齢・毛色	牡7 黒鹿毛
負担重量	56
騎手	(替)野中 0101
クラス 賞金	オープン 2450
総賞金	9894
厩舎	本田(栗)
印	△
馬主名	水谷昌晃
生産牧場	(浦)丸幸小林
最高時計	新芝33.0⑩ 京芝1085⑫ 新芝1201② 阪芝1345⑦
距離別勝利	0 0 0 5 3 / 0 0 0 6 5 / 0 0 0 2 1 / 0 0 6 18 14
兄弟馬	プリモ ガナドール

前走	
2阪② 3.24	六甲L別定 7着 天外1345 464Ⓢ0.6 56荻野極 17ト12番15人 1 1 2 35.3 逃一杯35.1 ソーグリッタ
3京⑥ 5.5	鞍馬OP別定 12着 三内1085 468Ⓜ0.9 56荻野極 17ト1番12人 …14 15 35.0 後方儘33.5 ミラアイトー
3京⑫ 5.26	安土城L ハンデ 6着 西外1206 460Ⓜ1.0 52荻野極 13ト11番12人 1 1 1 33.9 逃一杯35.3 ダイアトニッ
3東⑧ 6.23	パラダイL ハンデ 2着 西芝1213 460Ⓢ0.0 52野中 13ト4番10人 …1 1 35.8 逃粘る33.9 ショウナンラ
3中京⑧ 7.21	中京記念GⅢ ハンデ 13着 天芝1348 456Ⓜ1.2 52城戸 16ト8番15人 1 1 1 35.3 逃一杯36.8 グルーヴィッ

0	0	3	2	0
2	2	1	1	1
0	0	2	0	0
5	2	7	10	1
○1	0	0	1	

出走馬

枠	馬番	馬名	父	母(母の父)	性齢	毛色	重量	騎手	騎乗成績	クラス賞金	総賞金	厩舎	馬主	生産牧場	兄弟馬
8桃	16	トウショウドラフタ	アンライバルド	ウイッチトウショウ0勝(ジェイドロバリー)	牡6	栗毛	56	(替)吉田豊	2004	オープン 2500	13735	萱野(美)	トウショウ産業	(ひ)トウショウ	トウショウギフト
8桃	15	ショウナンライズ	ダイワメジャー	ゴーカロライナ 輸入(ラーイ)	牡6	栗毛	57	田辺	2003	オープン 3650	13304	上原(北)	国本哲秀	(日)下河辺牧	ダノンプリマドンナ
7橙	14	アンコールプリュ	ディープインパクト	オイスターチケット2勝(ウイニングチケット)	牝4	黒鹿毛	54	(替)北村宏	0000	オープン 1950	3878	友道(栗)	金子真人HD㈱	(安)ノーザン	ブラックシェル
7橙	13	レインボーフラッグ	ジャングルポケット	レインボーシーカー0勝(ダンスインザダーク)	牡6	鹿毛	56	(替)丸山	0001	オープン 2450	13821	小崎(栗)	グリーンF	(安)社台ファ	マリノソフィア
6緑	12	(地)ソーグレア	エイシンフラッシュ	バレエプラン2勝(ダンスインザダーク)	牡4	黒鹿毛	56	(替)横山典	0013	30	680	齋藤雄(岩)	岡崎淳	(安)追分F	リスヴェリアート
6緑	11	ストーミーシー	アドマイヤムーン	リーベストラウム3勝(ゼンノエルシド)	牡6	栗毛	56	大野	2118	オープン 2250	13095	斎藤誠(美)	㈲ミルファーム	(浦)ミルF	ココロザシ
5黄	10	フロンティア	ダイワメジャー	グレースランド0勝(トニービン)	牡4	栗毛	56	(替)福永	0002	オープン 1950	6322	中内田(栗)	サンデーR	(白)白老F	ドリームパスポート
5黄	9	(外)リョーノテソーロ	ジャスティンフィリップ	タウンベル(スペイツタウン)	牡4	鹿毛	56	木幡巧	0012	オープン 1900	4691	武井(美)	了德寺健二HD	(米)ハイラン	初仔
4青	8	キョウワゼノビア	ハーツクライ	アサカフジ2勝(シーキングザゴールド)	牝6	黒鹿毛	54	中井	0123	オープン 2250	9768	角田(栗)	㈲協和牧場	(新)協和牧場	キョウワロアリング
4青	7	エメラルエナジー	ファルブラヴ	セトウチソーラー0勝(スペシャルウィーク)	牡7	栗毛	56 B	(替)内田博	0000	オープン 2450	6186	相沢(美)	高橋勉	(浦)金成吉田	エメラルファイト
3赤	6	キャナルストリート	マンハッタンカフェ	フィラストリート 輸入(コジーン)	牝5	黒鹿毛	54	石橋脩	1001	オープン 2450	6956	大竹(美)	村野康司	(日)下河辺牧	ブロードストリート
3赤	5	[illegible]	[illegible]	トキオリアリティー3勝(メドウレイク)		栗毛	56	(替)武	00	オープン		堀	キャロ…	(安)ノー…	リアルイン…
2	3	カルヴァリオ	マツリダゴッホ		騸6		56	藤岡康	000	2250	8418	…竹(美)	…マンディ	…田スタ	…ラニ
2白	2	ブレスジャーニー	バトルプラン	エルフィンパーク 未出走(タニノギムレット)	牡5	鹿毛	56	(替)石川裕	0001	オープン 1850	10896	佐々晶(栗)	島川隆哉	(新)競優牧場	ブライトマーサ
1白	1	[illegible]		アナアメリカーナ 輸入(アメリカンポスト)		鹿毛		(替)松…	1	オープン		渡…	…カ	(安)ノ…	アメ…

新潟の芝内回りは約358mで、平坦コース。文中にも書いたように、ハンデ戦から別定戦で斤量は重くなるけれど、逃げ馬に向くレースであることを過去のデータが証明してくれているなら、ここはツーエムマイスターが面白いんじゃないかと思ったわけです。

そして、その狙い通り、3着に粘ってくれました。

コースの特徴を把握しておくことの重要性を、おわかり頂けるサンプルかと思います。

2019年8月25日　2回新潟10日
10R　朱鷺S　3歳以上オープン

着順	枠番	馬番	馬名	性齢	斤量	騎手	タイム着差	人気	馬体重	増減	厩舎
1	6	⑪	ストーミーシー	牡6	56	大野	1:21.3	④	538	+4	斎藤誠
2	7	⑭	アンコールプリュ	牝4	54	北村宏	1 1/4	⑪	436	+10	友道
3	2	④	ツーエムマイスター	牡7	56	野中	1 3/4	⑨	456	±0	本田
4	1	②	ブレスジャーニー	牡5	56	石川	クビ	⑥	460	±0	佐々木
5	7	⑬	レインボーフラッグ	牡6	56	丸山	1/2	⑦	460	-2	小崎

[配当]

単勝	⑪	1150円
複勝	⑪	340円
	⑭	920円
	④	770円
枠連	6-7	5180円
ワイド	⑪-⑭	4940円
	④-⑪	4120円
	④-⑭	11890円
馬連	⑪-⑭	19480円
馬単	⑪→⑭	32970円
3連複	④-⑪-⑭	140800円
3連単	⑪→⑭→④	886350円

CASE7

2019年9月7日(土)
中山8R　3歳以上1勝クラス
ダート1200m・定量　16頭

特注馬

6枠11番スズカユース
6番人気1着

芝とダート　着差

芝を走って4戦連続の6着。
しかし、タイム差は0秒3～0秒5。
マル地の馬で、ダートは東京のマイルを1戦のみ。
その10着がイメージを悪くしているが、地方からの転入馬なら、ダートがダメなハズがない。
人気の盲点。格好の狙い目となる。

“マル地”と言うのは、馬の名前の上に“㊞”と書いてあるもの。今は中央に在籍していますが、以前は地方競馬の所属馬でしたというのを表しています。

ちなみに“カク地”は、[地]のこと。地方競馬所属のまま今回スポットで中央に参戦している馬。“マル外”は、㊀のこと。外国で生まれて日本へ持ってきた外国産馬を意味します。

地方から中央に来て5戦。初戦は東京ダートで10着ですが、これとて環境の変化等を考慮すれば、致し方ないかも。

中山 8 発走 14:00

3歳以上1勝クラス (混)(指定)・定量

ダ1200

レコード 1.08.7 ビクトリーテツニー 56横山典 08年12月14日

推定タイム 良 1.12秒台 重 1.11秒台

賞金(万円) ① 750 ② 300 ③ 190 ④ 110 ⑤ 75

予想: 小木曽大祐 久保木正則 黒津紳一 郡和之 桧原正行 本紙 飯田

枠	馬番	馬名	性齢	負担重量	騎手	厩舎
1白	1	アミュリオン	牡3	55	三	藤原辰
1白	2	コパノジョウオー	牡3	53	森泰斗	村山
2黒	3	ステラストラータ	牝3	▲55	木幡育	大江原
2黒	4	シゲルジルコン	牡3	53	江田照	田中剛
3赤	5	ウエスタンカッター	牝3	▲50	大塚	田中剛
3赤	6	ナイツブリッジ	牡3	57	木幡巧	斎藤誠
4青	7	シゲルスピネル	牝3	▲50	藤田菜	和田勇
4青	8	サトノユニゾン	騸4	57	北村宏	古賀慎
5黄	9	ジェイケイマッチョ	騸4	▲54	山田敬	松永康
5黄	10	アマデウス	牡3	▲52	菅原明	保田
6緑	11	スズカユース	牝3	☆52	菊沢	伊藤圭
6緑	12	コウギョウブライト	牡3	57	Mデムーロ	伊藤大
7橙	13	カルダングリル	牡3	▲52	武藤	和田郎
7橙	14	シルヴァーメテオ	牡5	57	黛	石栗
8桃	15	エンパイアシュアー	牡3	55	丸田	和田雄
8桃	16	タマスカイブルー	牡4	57	石川裕	相沢

負担重量右と、成績欄1着馬または2着馬名左のBはブリンカー、Cはチークピーシズ着用を示す。

競馬の基本・予想の入口 / 競馬新聞をもっと読む / 長谷川流ハイペース予想の手順 / 調教・血統・適性・馬場とは? / 長谷川流予想で馬券的中! / まだある競馬の楽しみ方

その後、芝で着順ほどは負けておらず、中央の競馬に慣れてきたと考えるならば、ダート競馬の地方出身ですから、ダート替わりがいいほうに出ないはずがないと考えたわけです。それがドンピシャと当たりました。

「競馬の予想は犯人探し。証拠とアリバイを隅々まで突っついて、犯人をあぶり出す」。馬名の上の部分にも、こんな手掛かりがあったのです。

2019年9月7日　4回中山1日
8R　3歳以上1勝クラス

着順	枠番	馬番	馬名	性齢	斤量	騎手	タイム着差	人気	馬体重	増減	厩舎
1	6	⑪	スズカユース	牝3	52	菊沢	1:10.7	⑥	450	+2	伊藤圭
2	6	⑫	コウギョウブライト	牡4	57	M.デムーロ	クビ	①	458	+10	伊藤大
3	4	⑧	サトノユニゾン	セン4	57	北村宏	5	②	496	+2	古賀慎
4	1	①	アミュリオン	牡3	55	三浦	アタマ	⑤	454	±0	藤原辰
5	1	②	コパノジョウオー	牝3	53	森泰	ハナ	⑦	482	+6	村山

［配当］

単勝	⑪	1490円
複勝	⑪	300円
	⑫	110円
	⑧	120円
枠連	6-6	2230円
ワイド	⑪-⑫	730円
	⑧-⑪	770円
	⑧-⑫	210円
馬連	⑪-⑫	2190円
馬単	⑪→⑫	5740円
3連複	⑧-⑪-⑫	2140円
3連単	⑪→⑫→⑧	20830円

CASE8

2019年10月21日(月)
東京12R　3歳以上2勝クラス
牝馬限定　ダート1400m・定量　16頭

特注馬

1枠1番コーラルプリンセス
14番人気3着

血統

今年4月の昇級後、5着が2回と、このクラスでも通用するのは証明済み。
久々にダートに矛先を変えてきたが、父クロフネ、母の父フジキセキなら、ダートは合う。1度走ったのは1600mのダート。血統的にも1Fの短縮は歓迎だ。

これは、血統からの予想がハマったパターン。

クロフネは、NHKマイルCを勝った、芝のGⅠ馬。しかし、3歳秋にダートに転じるや、GⅢの武蔵野Sを圧勝。続くGⅠのジャパンカップダート（現チャンピオンズカップ）でも2着に7馬身差の完勝と、ダートでも強さを見せて、種牡馬入り。

一方、フジキセキは、自身にダートの出走歴は無いものの、その父サンデーサイレンス（アメリカのクラシック2冠馬）の血が騒いだか、産駒には、交流競走も含むダートGⅠ7勝

東京 12

発走 16:20

3歳以上2勝クラス（牝馬 指定・定量）

ダ1400

レコード 1.21.5 ノンコノユメ 58内田博 18年1月28日

推定タイム 良 1.24秒台 重 1.23秒台

賞金（万円） ①1100 ②440 ③280 ④170 ⑤110

馬場状態 不 重 稍 良

負担重量右と、成績欄1着馬または2着馬名左のBはブリンカー、Cはチークピーシズ着用を示す。

枠馬番	1 1
父	クロフネ
馬名	コーラルプリンセス 牝5 芦毛
母（母父）	ホーリーブラウン 3勝（フジキセキ）
負担重量	55
騎手	丸山
騎乗成績	0 0 0 2
クラス 賞金	2勝 950
総賞金	3305
厩舎	高橋裕（南）
馬主名	吉田勝己
生産牧場	安ノーザン
最高時計 前3F	東ダ 35.8 ⑧
1400	東芝 1210 ⑥
1600	東ダ 1364 ⑧
距離別勝利	0 0 2 1 1 / 0 0 0 0 0 / 0 0 1 0 0 / 0 1 12 6 6
兄弟馬	セイクリッドバレー

予想：小木曽大祐、久保木正則、黒津紳一、郡和之、桧原正行、本紙飯田

枠	馬番	父	馬名	性齢	母（母父）	斤量	騎手	厩舎	馬主	生産牧場
2	3	ロードカナロア	インバウンド	牝3	ハイドバウンド 輸入（グランドスラム）	53	柴田大	林（南）	保坂和孝	安ノーザン
2	4	ロードカナロア	シティーポップ	牝4	ラピーダシャリナ 輸入（ヴィカー）	55	田辺	角居（栗）	山本剛史	日下河辺牧
3	5	カジノドライヴ	デルマカシャーサ	牝4	オメガロンド 2勝（フレンチデピュティ）	☆54 B	横山武	田中博（南）	浅沼廣幸	社台ファ
3	6	パイロ	ミスパイロ	牝5	ブイアスカ 0勝（アドマイヤドン）	55	横山典	小野次（北）	村田哲朗	戸川牧場
4	7	メイショウサムソン	サムシングフレア	牝6	シルクヴァルキリー 2勝（マーベラスサンデー）	△53	木幡育	松山将（南）	阿部善武	対馬正
4	8	ゼンノロブロイ	キラービューティ	牝5	キラーグレイシス 輸入（コンガリー）	☆54	坂井瑠	高野（栗）	サンデーR	安ノーザン
5	9	ヴィクトワールピサ	ザクイーン	牝5	サマーハ 輸入（シングスピール）	55	石川裕	角居（栗）	前NICKS	安ノーザン
5	10	タイワメジャー	アオイサンシャイン	牝6	ツーオブハート 3勝（メジロマックイーン）	55 B	内田博	古賀慎（南）	新谷幸義	白老F
6	11	ファルブラヴ	シアワセデス	牝6	シアワセナンダッケ 1勝（フジキセキ）	55	大野	浜田（栗）	深田康志	吉田ファ
6	12	ストロングリターン	ランウェイデビュー	牝4	デビュートウショウ 未登録（アドマイヤムーン）	55 B	岩田康	奥村武（南）	吉田勝己	トウショウ
7	13	キンシャサノキセキ	ミフトゥーロ（地）	牝4	ピーラヴリー 0勝（ヨハネスブルグ）	55	西田	堀井（南）	静田在子	大羽蔵治
7	14	ヘニーヒューズ	マローネメタリコ	牝4	ウエスタンダンサー 6勝（デピュティ）	55	北村宏	萩原（南）	柏瀬金之介	ウエスタ
8	15	ゴールドアリュール	シエーナ	牝4	ヴィクトリアピーク 0勝（バーナーディニ）	55	石橋脩	萩原（南）	ノースヒルズ	ノース
8	16	アポロキングダム	アポロマーキュリー	牝5	キタノオペラ 公営（グランドオペラ）	▲52	藤田菜	鈴木伸（南）	アポロサラブレ	三輪幸子

のカネヒキリを始め、ダートの活躍馬も、数多く輩出しています。

そんな血を持つコーラルプリンセスが、久々のダート戦に出走。１度走った東京ダート1600ｍ戦では８着に敗れるも、３着とは僅かに０秒３差。父と母の父の血統からも、距離短縮は好材料と考えての穴狙いでした。

こういった過去の戦績は、ＪＲＡのホームページなどで簡単に見つけられます。活用して下さい。

この時、９番人気のアオイサンシャインも、初ブリンカーで２着！　３連複は228340円、ワイドでもジャスト10000円！　まさに、狙って穫れる穴馬券ですよね。

2019年10月21日　4回東京4日
12R　3歳以上2勝クラス

着順	枠番	馬番	馬名	性齢	斤量	騎手	タイム着差	人気	馬体重	増減	厩舎
1	4	⑧	キラービューティ	牝5	54	坂井瑠	1:24.6	⑦	468	-4	高野
2	5	⑩	アオイサンシャイン	牝6	55	内田博	1/2	⑨	528	+2	古賀慎
3	1	①	コーラルプリンセス	牝5	55	丸山	ハナ	⑭	534	+8	高橋裕
4	3	⑥	ミスパイロ	牝5	55	横山典	1/2	①	486	±0	小野次
5	8	⑯	アポロマーキュリー	牝5	52	藤田菜	3 1/2	⑥	476	-6	鈴木伸

［配当］

単勝	⑧	2340円
複勝	⑧	690円
	⑩	660円
	①	1170円
枠連	4-5	9620円
ワイド	⑧-⑩	8500円
	①-⑧	8910円
	①-⑩	10000円
馬連	⑧-⑩	38080円
馬単	⑧→⑩	72130円
3連複	①-⑧-⑩	228340円
3連単	⑧→⑩→①	1678510円

CASE9

2022年1月8日(土)
中京8R　4歳以上1勝クラス
牝馬限定　ダート1800m・定量　15頭

特注馬

6枠11番クリノニキータ
14番人気3着

障害帰り　**減量**

障害では2着（2回）が最高と勝ち切れないが、4走前の平地の末脚は見どころ十分。
距離不足の前走の地方交流も4着なら、まずまず。トモに力が付いたか。
今回、▲角田騎手で52キロ。障害の58キロからは6キロ減。馬が楽に感じないか。
3着に期待。

障害レースを使った馬が、平地のレースに戻ることを“障害帰り”と言います。この障害帰りの馬が穴をあけるのは、昔から時折見られ、古くは92年に宝塚記念と有馬記念の春秋グランプリを制したメジロパーマーや、98年の日経賞でしんがり12番人気の低評価を覆して優勝、単勝35570円の大波乱を演出したテンジンショウグンも、このパターン。

その要因としては、ぐっと踏み込んで障害を飛越するので、

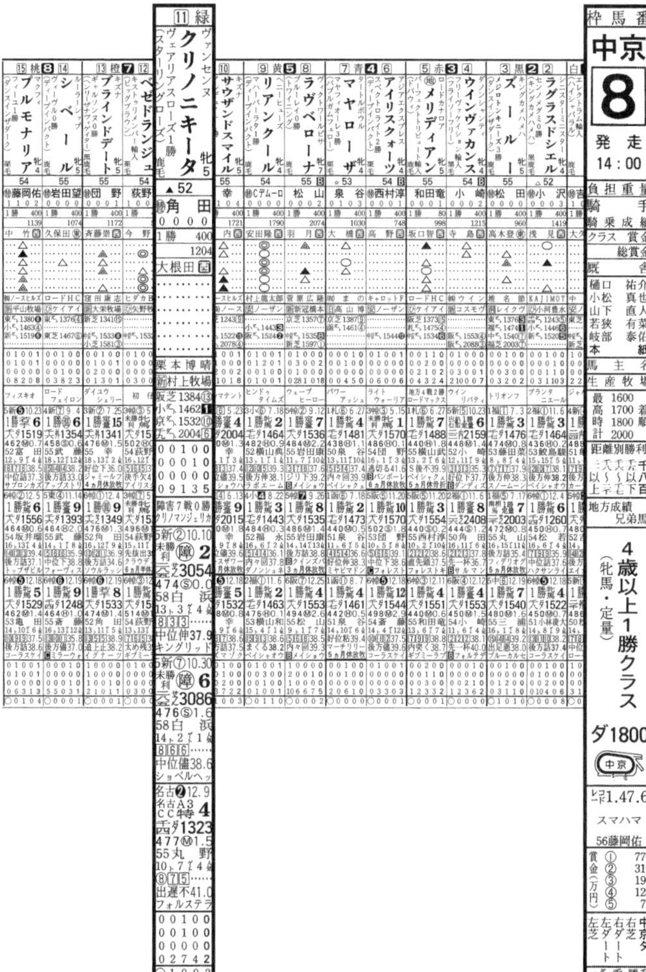
中京 8 発走 14:00
4歳以上1勝クラス（牝馬・定量）
ダ1800
レコード1.47.6 スマハマ 56藤岡佑

枠馬番	馬名
2	ラグラスドシエル
3	ズール
4	ウインヴァカンス
5	メリディアン
6	アイリスクォーツ
7	マヤローザ
8	ラヴベローナ
9	リアンクール
10	サウザンドスマイル
11	クリノニキータ
12	ベゼドランジュ
13	ブラインドデート
14	シベール
15	プルモナリア

樋口 祐介
小松 真也
山下 直人
若狭 有菜
岐部 泰佑
本 紙

トモの筋肉が鍛えられるというのがひとつ。もうひとつは、障害ごとにスピードを落として飛ぶので、走りに緩急をつけられるようになる。いわゆる“息を入れられる”ようになり、一気にガーッと行ってしまうような馬は、走りが変わると言われます。

たまに厩舎コメントで、「中間、障害練習を取り入れた効果があれば」というのを見かけます。この場合も、もしかしたら即効性があるかもしれないので、一応チェックはしてみるといいかも。

障害への転向理由が、そもそものスピード不足や、クラスでの頭打ちだったりする場合が多いよう。なので、過度な期待は禁物ですが、クリノニキータは14番人気というブービー人気で、狙い通り3着に。障害では重い斤量を背負わされますから、6キロ減は一段と軽く感じたのかも？　美味しい馬券を提供してくれました！

2022年1月8日　1回中京2日
8R　4歳以上1勝クラス

着順	枠番	馬番	馬名	性齢	斤量	騎手	タイム着差	人気	馬体重	増減	厩舎
1	3	⑤	メリディアン	牝5	55	和田竜	1:54.8	⑤	438	-2	坂口
2	5	⑨	リアンクール	牝4	54	C.デムーロ	1/2	①	472	-4	安田隆
3	6	⑪	クリノニキータ	牝5	52	▲角田大和	クビ	⑭	484	+7	大根田
4	8	⑮	プルモナリア	牝4	54	藤岡佑	3/4	④	466	+4	中竹
5	2	③	ズールー	牝5	55	松田	1/2	⑫	476	-4	高木

［配当］

単勝	⑤	1520円
複勝	⑤	240円
	⑨	110円
	⑪	1090円
枠連	3-5	650円
ワイド	⑤-⑨	410円
	⑤-⑪	10080円
	⑨-⑪	1910円
馬連	⑤-⑨	840円
馬単	⑤→⑨	3790円
3連複	⑤-⑨-⑪	17030円
3連単	⑤→⑨→⑪	159540円

CASE10

2019年6月22日(土)
函館7R　3歳未勝利
芝2600m戦・馬齢　8頭

特注馬

1枠1番アルテヴェルト
4番人気2着

休み明け

心房細動明け

たった一言の推奨理由(笑)。

これは余談に近く、オカルトチックなサンプルですが、3ヶ月以上休んだ馬の休養理由に"心房細動"とあると、なぜかその休み明けは走るんですョ。必ず馬券に絡むかというと、ダメな場合ももちろんあるのですが、絡めばデカい。

「何で走ったの?」

「まったくわからない。心房細動明けだからじゃない?」

科学的根拠が無くてすみません(笑)。

心房細動は、人間にもある不整脈のようなもので、その前のレース、4月6日の福島の同じ芝2600m戦では、16頭立ての16着。それも勝ち馬から5秒9も離されての入線でした。

そんなレースの次ですから、普通は好走など望むべくもな

馬番	白1	黒2	赤3	青4	黄5	緑6	橙7	桃8
函館 7 発走 13:05	ハーツクライ **アルテヴェルト** 牡3 アルテリテ 輸入 (リテラト) 栗毛	ハービンジャー **ラヴィンジャー** 牡3 ラブアクチュアリー 4勝 (ダンスインザダーク) 黒鹿毛	ハービンジャー **タイセイアヴァンセ** 牡3 ゼフィランサス 3勝 (キングヘイロー) 黒鹿毛	ハーツクライ **ベルファーリング** 牡3 エアティアーモ 5勝 (ロージズインメイ) 栗毛	ハーツクライ **ショウナンアーサー** 牡3 ジャルダンII 輸入 (モントブルック) 黒鹿毛	テイエムオペラオー **サングリーンベイ** 牡3 スカイワード 0勝 (ティンバーカントリー) 栗毛	エイシンフラッシュ **レイヴンキング** 牡3 タニノローゼ 4勝 (ジェネラス) 青鹿毛	ハーツクライ **ミコクイーン** 牝3 レックスレイノス 輸入 (インティカーブ) 栗毛
負担重量	56 B	☆53	54	☆53	56	56 B	☆55	▲51
騎手	荻野極	(替)武藤	(替)菱田	坂井瑠	(替)藤岡康	(替)松岡	(替)横山武	(替)菅原明
騎乗成績	0 0 0 1	0 0 0 0	0 0 2 2	0 0 0 1	0 0 0 0	0 0 0 0	0 1 0 2	0 0 0 0
クラス賞金	0	0	0	0	0	0	0	0
総賞金	150	455	435	130	200	125	転入厩 275	380
厩舎	庄野(栗)	小島茂(北)	青木(南)	矢作(栗)	須貝尚(栗)	藤原辰(北)	尾形和(南)	武井(南)
藤本貴久	▲	○			▲		◎	△
小松真也	▲	○			△		◎	▲
谷口弘晃	▲	◎			▲		○	
志村竜一	▲	○		△	▲		◎	
山口瞬		◎		▲	▲		○	
本紙	▲	○			△		◎	▲
馬主名	サンデーR	丸山担	田中成奉	子安裕樹	国本哲秀	(株)加藤ステーブ	(株)ノルマンディ	古賀慎一
生産牧場	(安)ノーザン	(千歳)社台ファ	(新)村田牧場	(千歳)社台ファ	(日)下河辺牧	(新)サンロー	(ひ)岡田スタ	(白)白老F
最高時計 着順 最 1800 / 高 2000 / 時 2400 / 計 2600	函芝1498⑥ 東芝2016④ 三芝2162⑥ 福芝2488⑯	中芝1493③ 中京芝2020⑤	函芝1512⑦ 小芝2023⑤ 三芝2171❸ 福芝2445⑤	阪芝1492③ 函芝2010⑨	阪芝1555⑥ 小芝2053⑫ 京芝2298⑧ 福芝2448⑧	新芝1526❹ 中芝2052⑨ 三芝2172⑩	中芝1585④ 福芝2035⑧ 東芝2281⑨ 福芝2437②	毛芝1495⑫ 中芝2024⑤ 三芝2166⑤
距離別勝利 千六百以下 / 千七~二千 / 二千一~二千四 / 二千六以上	0 0 0 0 0 0 0 0 0 0 0 0 0 0 0 2 4 0 0 1	0 0 0 0 0 0 1 0 0 0 0 1 0 0 0 0 4 0 0 0	0 0 0 0 0 0 0 0 0 0 1 1 0 0 0 1 8 0 1 1	0 0 0 0 0 0 0 0 0 0 0 1 0 0 0 0 1 0 0 0	0 0 0 0 0 1 0 0 0 0 0 0 0 0 0 2 2 0 0 1	0 0 0 0 0 0 0 0 0 0 0 0 0 0 0 1 5 0 0 0	0 0 0 0 0 1 0 0 0 1 0 0 0 0 0 2 4 1 0 0	0 0 0 0 0 0 1 0 0 0 0 0 0 0 0 1 3 1 0 0
地方成績 兄弟馬	初仔	マイネルブルズアイ	ダンケシェーン	2月4日生	キングスクロス	マラビージャドラダ	ソンブレロ	レッドファルダ
前走成績		3中③ 3.30 未勝利(混) 8 亖内2033 424Ⓢ0.8 51藤田菜 15頭11番6人 1 1 1 37.0 逃一杯36.5 レッドサイオ	1福① 4.6 未勝利 5 兲芝2445 412Ⓢ1.6 54菱田 16頭4番9人 11 10 9 39.1 中位詰36.8 サンサルドス	(兄)レディーキティ現 (兄)アサクサゴールド (兄)モズバンブルビー チピノオリヴィア	2阪② 3.24 未勝利(混) 2 云外2321 522Ⓢ0.0 56藤井 10頭9番5人 4 3 3 39.1 好位伸34.5 ディバインフ	1新❶ 4.27 未勝利 4 天ダ1526 480Ⓜ1.0 56村田 12頭9番7人 7 6 6 37.3 中位詰37.7 Bダノングリ	2中② 2.24 未勝利(混) 6 三外2148 520Ⓢ1.4 56石川裕 16頭4番9人 1 1 1 36.0 逃一杯36.1 キタノインパ	1小③ 2.16 未勝利(牝) 9 亖芝2032 470Ⓜ1.4 54黛 18頭1番2人 先行下37.1 ナリス 3ヵ月休放牧
	2京② 1.27 未勝利(混) 6 三外2162 468Ⓜ0.7 56松山 8頭5番5人 3 2 2 37.8 追上止36.4 Bニューポー	1新④ 5.5 未勝利 4 亖内2022 422Ⓢ0.5 51藤田菜 14頭13番6人 10 11 9 37.7 外伸る35.3 タマノジュメ	1新❶ 4.27 未勝利(混) 3 三内2171 412Ⓜ0.5 54菱田 11頭8番7人 10 9 8 36.6 後方伸37.1 ロードブレス	3阪② 6.2 未勝利(混) 3 天外1492 456Ⓜ1.0 54吉田隼 17頭4番11人 9 10 9 36.3 中位伸36.1 シルヴァーソ	1福① 4.6 未勝利 8 兲芝2448 514Ⓢ1.9 56柴山 16頭5番2人 7 3 3 39.3 追上退37.9 サンサルドス	1新⑧ 5.19 未勝利(混) 7 天ダ1567 486Ⓜ0.7 56村田 15頭7番4人 8 6 7 38.1 直線挟39.1 Bトゥルボー	1福① 4.6 未勝利 2 兲芝2437 510Ⓢ0.8 55横山武 16頭9番5人 5 3 2 39.0 好位伸36.8 サンサルドス	1新⑧ 5.19 未勝利(牝) 7 亖内2046 478Ⓢ1.1 54黛 16頭13番4人 2 2 1 37.0 先行下36.8 ネガイ
3歳未勝利 (混)(指定) 芝2600	2京⑦ 2.16 未勝利 6 天ダ1571 470Ⓜ1.2 56ルメール 13頭13番3人 10 8 8 37.8 後方詰39.1 メイショウイ	1新⑧ 5.19 未勝利(牝) 2 亖内2035 422Ⓢ0.0 51藤田菜 16頭4番2人 12 8 5 38.2 一旦先35.3 ネガイ	1新⑧ 5.19 未勝利(牝) 12 亖内2054 410Ⓢ1.9 54中谷 16頭14番6人 5 3 5 37.3 好位下37.4 ネガイ	1函① 6.15 未勝利 9 亖芝2010 436Ⓗ0.5 53坂井瑠 14頭15番8人 13 13 11 36.0 出遅不35.9 メガディスカ	3京③ 4.28 未勝利(混) 8 云外2298 516Ⓢ1.4 56藤井 9頭3番6人 6 7 8 37.8 後方儘35.7 ディスモーメ	3東② 6.2 未勝利 10 三ダ2172 482Ⓜ3.3 56村田 16頭13番11人 12 7 11 39.2 中位儘41.1 Bフィールオ	1福⑤ 4.20 未勝利(混) 8 亖芝2035 506Ⓜ1.5 53菅原明 11頭1番3人 1 1 2 35.6 逃一杯38.2 スティーン	1函❷ 6.16 未勝利 12 毛ダ1495 482Ⓜ3.2 54黛 13頭10番3人 8 8 12 37.0 中位下40.3 エンダウメン
レコード2.37.3 メイショウガーデン 55国分恭 賞金(万円) ①500 ②200 ③130 ④75 ⑤50	1福① 4.6 未勝利 16 兲芝2488 442Ⓢ5.9 56荻野極 16頭15番6人 3 8 13 38.4 心細動41.2 サンサルドス							
函館芝 / 右芝 / 右ダート / 左ダート / 左芝	0 0 0 0 0 0 0 0 0 0 0 0 0 0 0 2 0 1 3 1	0 0 0 0 0 1 0 0 0 0 0 0 0 1 0 2 0 0 2 0	0 0 0 0 0 0 0 0 0 0 1 0 0 1 0 1 0 0 9 2	0 0 0 0 0 0 0 0 0 0 0 0 0 1 0 0 0 0 1 1	0 0 0 0 0 0 0 0 1 0 0 0 0 0 0 0 0 1 3 0	0 0 0 0 0 0 0 0 0 0 0 0 0 0 0 0 3 2 1 0	0 0 0 0 0 0 0 0 1 0 0 0 0 0 0 2 1 2 2 0	0 0 0 0 0 0 0 0 1 0 0 0 0 0 0 1 0 1 3 0
→芝重 勝利	○0 0 0 0	○0 0 0 0	○0 0 1 1	○0 0 0 0	○0 0 0 0	○0 0 0 0	○0 0 0 0	○0 0 0 0

い。しかし、なぜか走っちゃうことが多いんですよね。不思議です…。

心房細動明けの馬がいたら、馬券をちょっとだけ買ってみるのも手かも。

また、2歳、3歳馬の休養理由には、“ソエ放牧”というのもあります。ソエは、若駒に多く見られる症状で、骨が完全に化骨していないうちに強い運動を行うと、前ヒザの下あたりに炎症を起こし、痛みを伴うもの。“管骨(第3中手骨)骨膜炎”の別称です。

そんな状態でまずまずの成績を残していた馬が、ソエを完治させてレースに復帰したなら、より高度なパフォーマンスを見せられると考えられますよね。

「ソエ放牧明け」も、馬券で狙えるひとつのパターンとして、覚えておくといいかもしれません。

2019年6月22日　1回函館3日
7R　3歳未勝利

着順	枠番	馬番	馬名	性齢	斤量	騎手	タイム着差	人気	馬体重	増減	厩舎
1	2	②	ラヴィンジャー	牝3	53	武藤	2:43.6	①	430	+8	小島
2	1	①	アルテヴェルト	牡3	56	荻野極	1/2	④	452	+10	庄野
3	4	④	ベルファーリング	牝3	53	坂井瑠	3 1/2	③	432	-4	矢作
4	7	⑦	レイヴンキング	牡3	55	横山武	2	②	510	+4	尾形
5	3	③	タイセイアヴァンセ	牝3	54	菱田	1/2	⑦	418	+8	青木

[配当]

単勝　②　260円
複勝　②　120円
　　　①　210円
　　　④　150円

ワイド　①-②　440円
　　　　②-④　310円
　　　　①-④　850円
馬連　①-②　1090円
馬単　②→①　1740円
3連複　①-②-④　1760円
3連単　②→①→④　8090円

超長期休養明け

最後に、「超長期休養明け」の馬にも、要注意。

例えば、1年以上休んでいた馬は、陣営が納得のいくまで休ませて、徹底的に仕上げたことの裏付けになる場合があり、これまた、いきなりの好走が意外とあるんです。

具体的に挙げると、2021年9月20日(祝・月)の中山10R 2001メモリアル ジャングルポケットカップで、6枠6番パラダイスリーフは、2019年8月3日以来、約25ヶ月半もの超長期休養明けで勝っています。

2021年9月20日　4回中山5日
10R　2001メモリアルジャングルポケットC　3歳以上2勝クラス

着順	枠番	馬番	馬名	性齢	斤量	騎手	タイム着差	人気	馬体重	増減	厩舎
1	6	⑥	パラダイスリーフ	牡5	57	横山武	2:01.4	②	502	+6	岩戸
2	5	⑤	モーソンピーク	牡4	57	菅原明	1 3/4	①	504	+2	国枝
3	2	②	ゴールドティア	牝4	55	福永	3/4	④	480	+10	池添学
4	7	⑦	サトノフォース	セン5	57	大野	3/4	⑤	466	+2	藤沢和
5	3	③	ブルーエクセレンス	牡5	57	田辺	1/2	⑦	486	+4	金成

[配当]

単勝	⑥	410円
複勝	⑥	200円
	⑤	160円
ワイド	⑤-⑥	230円
	②-⑥	450円
	②-⑤	290円
馬連	⑤-⑥	520円
馬単	⑥→⑤	1140円
3連複	②-⑤-⑥	920円
3連単	⑥→⑤→②	4540円

中山 10 発走 15:10

2001メモリアル ジャングルポケットカップ (3歳以上・2勝クラス・混・特指・定量) 芝内2000

レコード 1.57.8 ラブリーデイ 57 F.ベリー 15年1月4日

推定タイム 良 1.59秒台 重 2.00秒台

賞金(万円) ① 1500 ② 600 ③ 380 ④ 230 ⑤ 150

馬場状態 1 不 ❶ 重 ① 稍 ① 良

予想: 小木曽大祐 / 久保木正則 / 黒津紳一 / 郡和之 / 中西徹 / 本紙飯田

負担重量右と、成績欄1着馬または2着馬名左のBはブリンカー、Cはチークピーシズ着用を示す。

馬番	白1	黒2	赤3	青4	黄5	緑6	橙7
父	ルーラーシップ	キングカメハメハ	ディープインパクト	グラスワンダー	ディープインパクト	ディープインパクト	ディープインパクト
馬名	ルヴェルソー	ゴールドティア	(地)ブルーエクセレンス	マイネルステレール	モーソンピーク	パラダイスリーフ	サトノフォース
母(母父)	リボントリコロール 2勝 (チチカステナンゴ)	ヒストリックスター 未登録 (ファルブラヴ)	タッチⅡ 輸入 (ブルピット)	マイネルーチェ 2勝 (スペシャルウィーク)	モシーン 輸入 (ファストネットロック)	シルキーラグーン 7勝 (ブライアンズタイム)	ビタースウィート 3勝 (アフリートアレックス)
毛色・性齢	黒鹿毛 牝4	鹿毛 牝4	青鹿毛 牡5	鹿毛 牡5	青鹿毛 牡4	黒鹿毛 牡5	黒鹿毛 騸5
負担重量	55	55	57	57 B	57	57	57
騎手	(替)柴田善	(替)福永	(替)田辺	丹内	菅原明	(替)横山武	大野
騎乗成績	1101	0000	0000	1017	1000	0000	0001
クラス 賞金	2勝 900	2勝 900	2勝 560	2勝 900	2勝 900	2勝 900	2勝 900
総賞金	4171	2861	4136	3780	2159	2004	440
厩舎	田中博(東)	池添学(西)	金成(東)	菊川(東)	国枝(東)	岩戸(東)	藤沢和(東)
小木曽	▲	△			◎	○	▲
久保木	◎	▲	△			○	▲
黒津	○	▲			◎	▲	△
郡	◎				○	▲	▲
中西	▲				◎	▲	○
本紙	◎	▲			△	▲	○
馬主	グリーンF	キャロットF	ゴドルフィン	ラフィアン	シルクレーシ	シルクレーシ	サトミホース
生産牧場	社台ファ	ノーザン	ダーレー	ビッグレ	ノーザン	白老F	桜井牧場
最高時計	東芝1478⑨ 新芝2006① 中芝2154③	京芝1346① 阪芝1491⑩ 阪芝2000⑤	中芝1360⑤ 東芝1471② 東芝1595⑤ 中京芝2250⑧	東芝1481④ 中芝1599③ 中芝2149⑧	東芝1483⑥ 中京芝1598①	新芝1588③ 芝2193①	東芝1328③ 中芝1474 中芝2028⑦
距離別勝利	02002 03002 12000 06002	00200 00010 00200 02311	01021 05002 03001 210205	11001 00000 13003 1510008	02002 01001 00000 02000	11001 00000 01001 00000	01100 01200 00400 05401
兄弟馬	初仔	ハーブスター	地方2戦2勝 ルナーランダー	リュイールスター	プリモシーン	5月28日生 父方 芝…方 ◎ダ △能 母方 芝…△中~ダ ◎長 早熟 / シルキーカレント⓪ ザイディックメア⑤ ゼーヴィント④ ラグナアズーラ①	ビターエンダー
前6走	5中⑤12.19 2勝牝馬 混 8着 2053 446Ⓢ0.8 54大野 15ト8人5 [7][8][9]38.2 中位儘36.3 ムーンライト	4京②10.11 2勝 混 3着 外1351 472Ⓢ0.1 53北村友 8ト4人3 [4][5][4]36.1 中位伸34.7 Bサンライズ	2中京①3.13 熊野2勝定量 8着 芝2250 476Ⓜ5.2 57松山 8ト8人3 [3][5][6]37.4 ジリ下43.7 プリマヴィス	1東⑤2.13 箱根2勝定量 8着 芝2258 490Ⓢ1.6 57柴田大 11ト7人10 [8][4][4]38.1 追上退35.8 ハーツイスト	5東⑧11.24 新馬 4着 芝1517 488Ⓜ1.5 55ビュイック 16ト7人2 中位詰37.1 パルトリ 5ヵ月半休放牧		3東④6.1 芦ノ湖2勝定量 7着 芝1376 466Ⓢ0. 57ルメール 11ト8人3 中位下36. Cサトノフ 5ヵ月休去勢
前5走	1中②1.9 2勝 混 3着 外2154 448Ⓢ0.2 54石橋脩 12ト2人7 [1][1][1]37.0 逃粘る35.2 エフェクトオ	4東⑧11.1 国立2勝定量 4着 芝1358 468Ⓢ0.6 53北村友 10ト9人4 中位詰33.6 Bテルツェッ 3ヵ月半休放牧	2東⑥5.9 2勝 混 5着 芝1595 466Ⓜ1.6 57幸 8ト8人6 [3][3][3]36.4 好位下36.2 サトノジェネ	2中③3.6 潮来2勝ハンデ 4着 内2350 488Ⓢ0.5 54柴田大 13ト4人8 [8][3][3]38.4 早目動36.8 フィリオアレ	2東⑥5.10 未勝利 6着 芝1483 504Ⓢ1.1 56ルメール 13ト13人2 ①[10][9]37.8 出遅不34.1 ヤシャマル		5東⑥11.2 2勝 混 8着 芝1500 456Ⓢ0. 56木幡育 12ト9人4 後方儘33. Cヘイルメ 4ヵ月休放牧
前4走	2中⑥3.14 房総2勝牝 4着 内1520 448Ⓢ0.4 55柴田善 11ト10人5 [2][2][2]38.7 先一息38.4 シンハリング	1東⑥2.14 2勝 混 5着 芝1347 474Ⓢ0.8 55松山 12ト12人4 [5][3][3]36.1 好位儘35.2 Bトミケンボ	1札①6.12 HTB2勝ハンデ 10着 芝1483 476Ⓢ1.4 55横山武 11ト11人5 ①[1][1]38.0 アオル34.9 マイエンフェ	3中③4.3 安房2勝定量 4着 内2367 486Ⓢ0.6 57柴田大 7ト2人4 [4][3][3]39.4 中位儘34.9 Bノーチカル	1函⑤6.27 未勝利 混 1着 芝2016 492Ⓗ0.1 56横山武 14ト1人5 ①[9][3]36.4 直競勝37.1 Bランドアー	2中①2.23 新馬 混 1着 内2034 498Ⓢ0.2 56石橋脩 16ト7人1 [3][2][2]37.9 先抜出36.1 ブライティア	2阪①3.2 天神橋2勝ハンデ 2着 外1329 460Ⓢ0. 55ルメール 11ト8人2 [4][3][4]35. 好位伸33. グランデマー
前3走	3中⑤4.10 野島崎2勝牝 2着 内2009 448Ⓢ0.0 55柴田善 14ト8人3 中位伸35.5 エヴァーガー 3ヵ月休放牧	2阪⑫5.2 山陽2勝定量 2着 内1208 474Ⓗ0.3 55川田 14ト3人3 [5][4][4]34.1 イン伸35.5 Bキュールエ	1札⑥6.27 ライラック2勝定量 5着 芝2005 482Ⓗ0.5 57団野 10ト9人9 [5][6][6]37.0 中位詰36.6 ココニアル	2東④5.2 陣馬2勝ハンデ 7着 芝2254 486Ⓜ0.5 54柴田大 11ト1人8 [5][4][5]37.0 決手欠35.2 Bコトブキテ	2札③8.22 富良野1勝定量 2着 芝2009 500Ⓜ0.0 54横山武 10ト4人2 後方伸36.1 Bアルテラロ 3ヵ月半休脚不	2東①4.20 新緑500万 1着 芝2193 492Ⓢ0.0 56川田 8ト1人1 後追込33.9 エデリー 3ヵ月半休放牧	2東③5.1 秩父2勝定量 3着 芝1332 464Ⓢ0. 57ルメール 10ト8人2 [6][6][6]36. 中位伸33. ビーエムビ
前2走	1函⑤7.17 かもめ島2勝牝 3着 芝1493 456Ⓢ0.1 55藤岡佑 13ト11人5 [4][4][4]37.6 好位伸35.1 イカット	3阪④6.27 舞子2勝定量 9着 内1212 470Ⓗ0.9 55川田 12ト3人4 ⑨[6][6]34.7 中位下35.3 Bスマートク	1函⑫8.8 松前2勝定量 6着 芝1497 488Ⓢ1.2 57団野 12ト8人7 [4][4][5]37.2 好位下37.0 Cテーオーラ	2東⑫5.30 青嵐2勝定量 5着 芝2242 486Ⓜ1.0 57柴田大 8ト4人6 中位儘35.3 Bリーヴル 3ヵ月休放牧	3中京①12.5 栄1勝定量 1着 芝1598 502Ⓢ0.0 56菅原明 18ト4人2 [6][7][7]36.7 中位鋭34.8 ルビーカサブ	2新③8.3 信濃川2勝ハンデ 3着 外1588 496Ⓜ0.1 53石橋脩 12ト7人1 ③[2][2]36.5 先粘る34.8 アドマイヤア	2東⑪5.2 葉山2勝定量 3着 芝1328 468Ⓢ0. 57戸崎 11ト1人1 後方伸33. セリユー 3ヵ月休放牧
前走	1函⑫8.8 松前2勝定量 4着 芝1494 456Ⓢ0.9 55藤岡佑 12ト3人4 [6][6][5]37.6 中位詰36.2 テーオーラフ	3ヵ月 休養 仕上がり8分 放牧 調整 鉄砲成績 1022 2走目成績 0102	2札⑥8.29 支笏湖2勝定量 8着 芝1488 482Ⓜ1.2 57泉谷 13ト7人12 [10][11][11]37.3 後方儘35.9 Bラヴユーラ	2札⑧9.5 釧路湿原2勝定量 7着 芝2046 484Ⓜ1.5 57丹内 13ト7人11 [3][5][2]37.0 好位下38.3 Bミスミルド	9ヵ月半 休養 仕上がり8分 放牧 調整 鉄砲成績 1002 2走目成績 1000	2年1ヵ月 休養 仕上がり9分 屈腱炎 放牧 鉄砲成績 1010 2走目成績 1000	2札⑥8.2 支笏湖2勝定量 5着 芝1487 464Ⓜ1. 57大野 13ト6人3 [8][9][7]37. 中位詰36. ラヴユーラ
脚質別連対数	逃1 先2 差2 追0	逃0 先1 差2 追0	逃0 先3 差5 追0	逃1 先1 差0 追0	逃0 先0 差3 追0	逃0 先1 差0 追1	逃0 先0 差3 追2
出走間隔成績	中5週 0000	中11上 1021	中2週 1115	中1週 0014	中11上 1001	中11上 0010	中2週 1002
特別成績	1213	0114	1108	00017	1100	1010	0123
コース別勝利度数 右芝 / 右ダート / 左ダート	10011 00033 00032	00020 00010 00020	10200 20032 10020	00022 00000 10033	10010 00010 00000	10011 00000 10000	10011 10021 30011
左芝 / 中山芝	00021 00000 10031	10000 10010 10020	10021 10021 21051	10055 40021 60074	10000 00000 10000	00000 00000 00000	20011 00010 20032
→芝重 勝利	○0002	○0011	○0002	○0010	○0001	○0000	○0002

重賞だと2019年のアメリカジョッキークラブカップというGⅡのレースで、シャケトラが1年1ヶ月振りの出走で勝ちました。

2019年1月20日　1回中山7日
11R　アメリカジョッキーCC　4歳以上オープン

着順	枠番	馬番	馬名	性齢	斤量	騎手	タイム着差	人気	馬体重	増減	厩舎
1	7	⑧	シャケトラ	牡6	56	石橋脩	2:13.7	⑦	522	+2	角居
2	4	④	フィエールマン	牡4	57	ルメール	アタマ	①	480	±0	手塚
3	8	⑩	メートルダール	牡6	56	マーフィー	3/4	⑤	488	+2	戸田
4	1	①	ジェネラーレウーノ	牡4	56	田辺	1 1/2	②	514	+8	矢野
5	8	⑪	サクラアンプルール	牡8	56	蛯名	1 1/4	④	488	+2	金成

［配当］

単勝	⑧	3850円
複勝	⑧	550円
	④	110円
	⑩	340円
枠連	4-7	1670円
ワイド	④-⑧	1060円
	⑧-⑩	5570円
	④-⑩	690円
馬連	④-⑧	2820円
馬単	⑧→④	11590円
3連複	④-⑧-⑩	11560円
3連単	⑧→④→⑩	123550円

超長期休養明けの馬が勝った時、その勝利の裏に、スタッフの熱い思いを感じて、心から賞賛の拍手を送りたくなりますよね！

中山 11 発走 15:45

第60回 アメリカJCC(GⅡ)(4歳以上・オープン・(国際)[指定]・別定)

芝2200

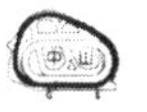

枠	馬番	馬名	性齢	毛色	父	母(母の父)	負担重量	騎手	騎乗成績	条件 賞金	総賞金	厩舎	馬主名	生産牧場	持ちタイム
白1	1	ジェネラーレウーノ	牡4	青鹿毛	スクリーンヒーロー	シャンハイロック公営(ロックオブジブラルタル)	56	田辺	3 0 1 2	オープン 5500	14216	矢野英(南)	(有)Gリビエール	日新生F	京芝1514③ 中芝2012① 中芝2121① 東芝2253⑯
黒2	2	アクションスター	牡9	栗毛	アグネスタキオン	レディオブヴェニス輸入(ルーソリテール)	56	大野	0 0 0 5	オープン 1925	8797	和田勇(南)	福井明	白老F	阪芝1455⑨ 阪芝1581⑨ 京芝2129⑥ 京芝2243⑫
赤3	3	マイネルミラノ	牡9	栗毛	ステイゴールド	パールバーリー輸入(ポリッシュプレセデント)	56	柴田大	4 4 3 17	オープン 7500	24221	相沢(南)	ラフィアン	新ビッグレ	東芝1450④ 新芝1579⑧ 中芝2134① 東芝2263⑰
青4	4	フィエールマン	牡4	鹿毛	ディープインパクト	リュヌドール輸入(グリーンチューン)	57	ルメール	1 0 0 0	オープン 7650	17885	手塚(北)	サンデーR	安ノーザン	福芝1462② 京芝3061①
黄5	5	ダンビュライト	牡5	黒鹿毛	ルーラーシップ	タンザナイト3勝(サンデーサイレンス)	57	北村友	0 0 0 1	オープン 2525	21179	音無(栗)	サンデーR	安ノーザン	京芝1504❸ 中芝1579③ 中芝2117③ 阪芝2252④
緑6	6	ミライヘノツバサ	牡6	芦毛	ドリームジャーニー	タムロブライト0勝(シルバーチャーム)	56	北村宏	0 0 0 1	オープン 1875	9725	伊藤大(北)	三島宣彦	諏訪牧場	福芝1475⑨ 中芝1599② 中芝2122③ 京芝2329②
緑6	7	ステイインシアトル	牡8	黒鹿毛	ステイゴールド	シアトルサンセット輸入	56	内田博	0 0 0 0	オープン 5050	11405	池江寿(栗)	青芝商事(株)	安ノーザン	京芝1503❶ 阪芝1589⑥ 京芝2135⑮
橙7	8	シャケトラ	牡6	青鹿毛	マンハッタンカフェ	サマーハ輸入(シングスピール)	56	石橋脩	0 0 0 0	オープン 3000	14458	角居(栗)	金子真人HD(株)	安ノーザン	阪芝2001③ 阪芝2120④ 東芝2252①
橙7	9	ショウナンバッハ	牡8	鹿毛	ステイゴールド	シュガーハート未出走(サクラバクシンオー)	56	三浦	0 0 1 1	オープン 307	1321	上原(北)	国本哲秀	日ヤナガワ	東芝1472① 新芝1579③ 中芝2118 東芝2252①
桃8	10	メートルダール	牡6	鹿毛	ゼンノロブロイ	イグジビットワン輸入(シルヴァーホーク)	56	マーフィー	0 0 0 0	オープン 4950	17813	戸田(南)	キャロットF	安ノーザン	東芝1472③ 新芝1578② 中芝2136⑥ 東芝2253⑤
桃8	11	サクラアンプルール	牡8	栗毛	キングカメハメハ	サクラメガ未出走(サンデーサイレンス)	56	蛯名	1 0 0 4	オープン 7570	20139	金成(北)	さくらC	日谷岡スタ	新芝1470② 東芝1576⑥ 京芝2329⑦

予想印欄:小木曽大祐、久保木正則、黒津紳一、郷和之、松原正行、本紙 飯田

レコード 2.10.1 コスモバルク 56 五十嵐 04年9月19日

〔今回推定タイム〕
良 2.13秒台
重 2.15秒台

〔成績の見方〕
①場所(馬場状態)月日
②競走名 条件 着順
③距離 時計
④体重 ペース 秒差
⑤負担重量 騎手
⑥頭数 枠番 人気
⑦通過順 前半3F
⑧短評 後半3F
⑨1着または2着馬名

※ペースの表記
Ⓢ…スローペース
Ⓜ…平均ペース
Ⓗ…ハイペース
※通過順の○数字は不利を示す。
※後半3Fの太字はメンバー中最速であったことを示す。

馬場状態 良 稍 重 不良
賞金(万円) ①6200 ②2500 ③1600 ④930 ⑤620

脚質別連対数
出走間隔成績
重賞成績
中山芝 右芝 右ダート 左芝 左ダート
①着 ②着 ③着 ④着 ⑤着 着外 コース別勝利度数
芝重巧拙・勝利度数

いかがですか？　結果論と言うなかれ(笑)。レース前に挙げたブログの引用です。

競馬新聞だけで、こんなに穴馬を見つけることが可能なんです。

美味しい穴馬を見つけるためには、人とは違った着眼点や、斜めの目線を持つ必要があります。

繰り返しになりますが、１～３着の馬は、出走している馬の中に必ずいるのですから。

この本を最初から何度でも読み直して、あなたならではの予想法を、ぜひ見い出してください。

長谷川雄啓ブログ
『馬とおしゃべりと音楽と映画』

https://ameblo.jp/t-hasegawa-11/

第6章

まだある競馬の楽しみ方

ここまで読んでもらって、競馬は2つのロマンから成り立っているんだということに気づいた人も多いのでは?
そう、“馬券ロマン”と“馬ロマン”です。
最後の章では、そんな2つのロマンに繋がるお話を、もう少しだけしてみたいと思います。
お付き合い下さい！

夢の馬券 WIN5

WIN5は、JRAが指定する5つのレースの勝ち馬を、すべて当てる馬券です。

難しく言うと、“5重勝単勝式”の勝ち馬投票券で、2011年4月24日からスタート。インターネットか、一部の競馬場やWINSではキャッシュレス投票で購入出来ます。

払戻金の上限は、なんと6億円！ 100円が6億円ですョ。まさに、夢の馬券ですよね。

過去の最高払戻金額は、2019年2月24日の4億7180万9030円！2 - 15 - 12 - 11 - 5番人気で決まりました。的中は1票！そう、総取りです。うらやましい(笑)。

もし、的中者がいなかったり、払戻金に余剰が出た場合には、キャリーオーバーとなり、次回に繰り越されます。

的中払戻金の上限が2億円だった頃には、的中者がいても余剰が出て、キャリーオーバーが発生した例もありますが、2014年6月7日から、上限が6億円に引き上げられてからは、的中者ゼロの場合以外、キャリーオーバーが発生しなくなりました。

それでも引き上げ以降に、的中者ゼロが4回。4～5億円のお金が次回に繰り越され、WIN5ファンは、色めき立って予想に興じたものです。

実は、ボクは2020年2月までに、このWIN5を39回的中させていて、最高払戻金額は、2012年3月25日の1153万9650円。カレンチャンが優勝した時の、高松宮記念の日です。

「WIN5は当たらないよ」と、敬遠する人も多いようですが、コツさえ掴めば、意外と楽しめるもの。ここでは、そのコツや、買い方をお話していきましょう。

まず、買い目の数はどうなるかと言うと、それぞれのレースで選んだ頭数の掛け算になります。

例えば、すべてのレースの勝ち馬を、1頭で予想した場合。

1×1×1×1×1＝1通り。

最初と最後のレースは2頭にして、あとは1頭にした場合。

2×1×1×1×2＝4通り。

すべてのレースで、2頭ずつを選ぶと、

2×2×2×2×2＝32通り。

これが3頭ずつになると、

3×3×3×3×3＝243通り。

100円ずつ買っても、24300円ものお金がかかってしまいます。これは、なかなか現実的ではないでしょう。

それでは、どうするかというと、“メリハリ”をつけるんですね。例えば、次のよう。

1×2×5×2×3＝60通り。

できれば“1”を作りたい。1を掛けても数字は変わりませんから。その分、他のレースに点数を回せますよね。

ローカルの多頭数とか、短距離のハンデ戦とか、荒れそうだなと思ったレースに点数を回し、堅いと踏んだら、そこは絞る。“堅い”と“荒れる”で、数的なメリハリをつけるということです。

60通りは、100円ずつなら、6000円。3連単5頭ＢＯＸを100円ずつ買うのと、同じ賭け金。3連単で、1000万超えの配当はなかなか狙えませんが、WIN5なら…。数的余裕があるところに、積極的に穴馬を入れてみることをお薦めします。

さらに、ボクは、“グループ買い”を薦めています。

「下手な鉄砲…」じゃないけれど、数を撃たないと、なかなか当たらないのもWIN5。先の1153万円的中の時も、実は6人のグループ買いなんです。

それでも予想は1人で。

レースが5つあるから、「このレースはキミ、このレースはあなた、これはボク…」だと、みんな“当て”に走るから、人気の馬ばかりで、こじんまりまとまっちゃう。

すべての予想を1人に任せるのがベスト。もしみんなでやりたいのなら、「今週はキミ、来週はあなた、その次はボク…」としたほうがいいと思います。

もちろん、事前に予想のディスカッションは“あり”。ただ、それをまとめる役は1人にして、それを順番に回す。ハズレても、文句は言わない(笑)。それを人数分だけ繰り返せばいいということです。

そういった意味では、グループ買いの時は、人選も大事なポイントになりますかね。

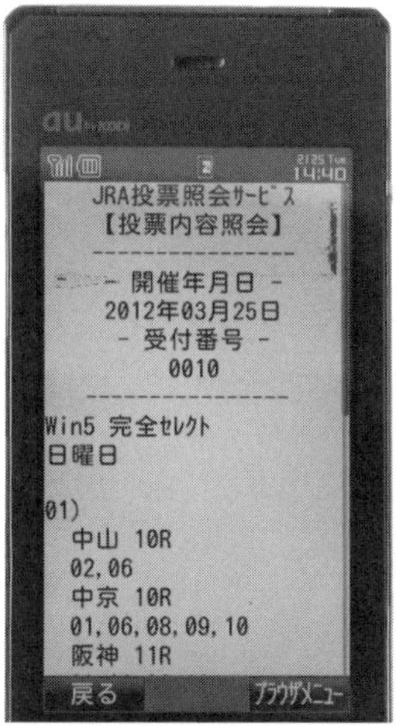

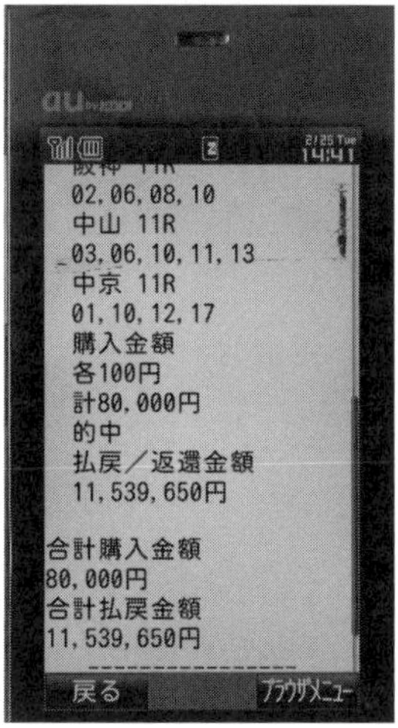

ディープインパクトのような馬がいたら…って、ディープの時代にWIN5はありませんでしたが(笑)、“1”を作れるので、実質“WIN4”。それぐらい「ド鉄板！」と思える馬がいる時に、参戦してみてはいかがですか？

それでも、2005年の有馬記念で、ディープインパクトは2着に敗れます。競馬に“絶対”はないということを、改めて付け加えておきたいと思います(笑)。

1番人気4頭法

東京競馬場のフジビュースタンドに、WIN5専用のサポートカウンターがあった時のことです。そこで働く従事員の女性が、ふと、あることに気付きます。

「5つのレースで、また1番人気の馬が4つ勝ってる…」。

そうなんです。意外とあるんです。

WIN5が誕生した2011年4月24日から、2020年2月まで、1番人気が4つ勝ったのは26回。およそ9年で26回ですから、1年に約3回。決して多いとは言えないのですが、2012年にはこれが7回出現。8回に1回、つまり、約2ヶ月に1回は出ていた計算になります。

さらに、WIN5ですから、時には高配当も飛び出します。

例えば、2014年3月9日は、1－1－13－1－1番人気で、払戻金は245万6090円！

1番人気が4勝ですから、堅い決着が多く、払戻金が10000円を切ったことも1回。そのほとんどが数万円ですが、10万円超えも10回を数え、50万、40万、30万超は2回と、思わぬ高配当をもたらせたりもします。

「4つのレースで1番人気を買う。残りの1つはすべて買う」。

この買い方を『1番人気4頭法』と言うんですね。

具体的に見ていきましょう。わかりやすく、WIN5 対象のすべてのレースが 16 頭立てだと仮定します。

まずは、最初のレースだけすべて買い、あとは1番人気。次に2つめのレースを全部、あとは1番人気を4頭…。それを5回繰り返します。すると、以下のようになります。

16 × 1 × 1 × 1 × 1 = 16 通り

1 × 16 × 1 × 1 × 1 = 16 通り

1 × 1 × 16 × 1 × 1 = 16 通り

1 × 1 × 1 × 16 × 1 = 16 通り

1 × 1 × 1 × 1 × 16 = 16 通り

組み合わせ	WIN-① 選択頭数	WIN-② 選択頭数	WIN-① 選択頭数	WIN-④ 選択頭数	WIN-⑤ 選択頭数	組み合わせ数
組み合わせ1	16	1	1	1	1	16
組み合わせ2	1	16	1	1	1	16
組み合わせ3	1	1	16	1	1	16
組み合わせ4	1	1	1	16	1	16
組み合わせ5	1	1	1	1	16	16

ですから、買い目の数は、5つのレースの出走頭数の“和”になる。この場合、16 + 16 + 16 + 16 + 16 = 80 点。100 円ずつなら、8000 円です。

どのレースでもいいから、とにかく１番人気が４つ勝ってくれればいい。
１番人気が勝つ確率は約33%。３回に１回は勝つと言われます。
想像して下さい。箱が５つ並んでいて、その中にボールが３つずつ入っていると。１つは“当たり”の赤い玉、２つは“ハズレ”の白い玉。それを５回連続で引いた時、１つは白のハズレが出てもいい、残りの４つが赤の可能性って、「無くはないなぁ…」って思いません？
仮に、すべて１番人気が勝ったとしたら、５つすべてが的中となり、払戻し金額の５倍が手元に来ます。

実際、2015年11月１日は、すべて１番人気が優勝。WIN5の払戻金額は10260円。でも、『１番人気４頭法』なら、５倍の51300円になるわけです。
この日は、ラブリーデイの勝った、天皇賞・秋が行われた日。４つめまで、すべて１番人気が勝っているので、最後は何が来ても“当たり”ですよね。
「出来れば、人気薄が来て欲しい…」。
『１番人気４頭法』でWIN5に参戦していたなら、そう願ってレースを見ているはず。
実はこの時、２着には1/2馬身差で、10番人気のステファノスが追い込んで来てるんです！
もし、こっちが勝ってたら？　夢がありませんか？

自分は何も予想をしなくていい。ただ、１番人気を４頭と全頭買いを、５パターン買えばいいのです。あなたも一度、試してみてはいかがですか？

ただひとつ、１番人気は最終オッズです。あなたが買う時点での単勝人気と、ズレが生じることもあります。

でも、それもまた時の運。逆に、それで当たっちゃうこともあるのですから！

WIN5 歴代最低払戻記録（2020年２月現在）

2018年10月8日

払戻金 6,050円

レース	WIN①	WIN②	WIN③	WIN④	WIN⑤
単勝人気	１番人気	１番人気	２番人気	２番人気	１番人気
単勝オッズ	1.9	1.3	2.7	2.3	1.6

WIN5 歴代最高払戻記録（2020年２月現在）

2019年2月24日

払戻金 471,809,030円

レース	WIN①	WIN②	WIN③	WIN④	WIN⑤
単勝人気	２番人気	15番人気	12番人気	11番人気	５番人気
単勝オッズ	3.5	140.1	28.5	32.3	7.0

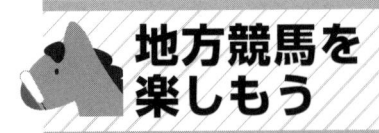

地方競馬を楽しもう

地方競馬とは、国（特殊法人）が運営する中央競馬とは違って、主催は各地方自治体。主に、平日を中心に開催されます。

芝コースがあるのは、岩手県の盛岡競馬場だけ。あとはすべて、ダートコースでの競馬となっています。また、競馬場によっては、ナイター競馬も行われています。

輓馬による「ばんえい競馬」を行う帯広も含め、地方の競馬場は、全国に 15 ヶ所。

北から、帯広、門別、盛岡、水沢、浦和、船橋、大井、川崎、金沢、笠松、名古屋、園田、姫路、高知、佐賀。

このうち、盛岡と水沢は岩手県競馬。浦和、船橋、大井、川崎は南関東４競馬。笠松と名古屋は東海地区競馬として、グループを形成。持ち回りで開催を行っています。

地方競馬の競馬場にも**右回りと左回り**があり、**平坦**、**小回り**で、**直線が短く**、**基本的には先行有利**と言われます。それでも、仕掛けどころはコースによって様々。地元のジョッキーたちの、瞬時の判断と、手綱さばきがモノを言います。

クラスはＡ、Ｂ、Ｃ（Ａが上位）、さらにその中でも１、２、３…と組に分かれ、概ね５着までに出る賞金のすべてがクラス分けに反映。組の中でもさらに細分化され、勝たないとク

日本全国の地方競馬場MAP

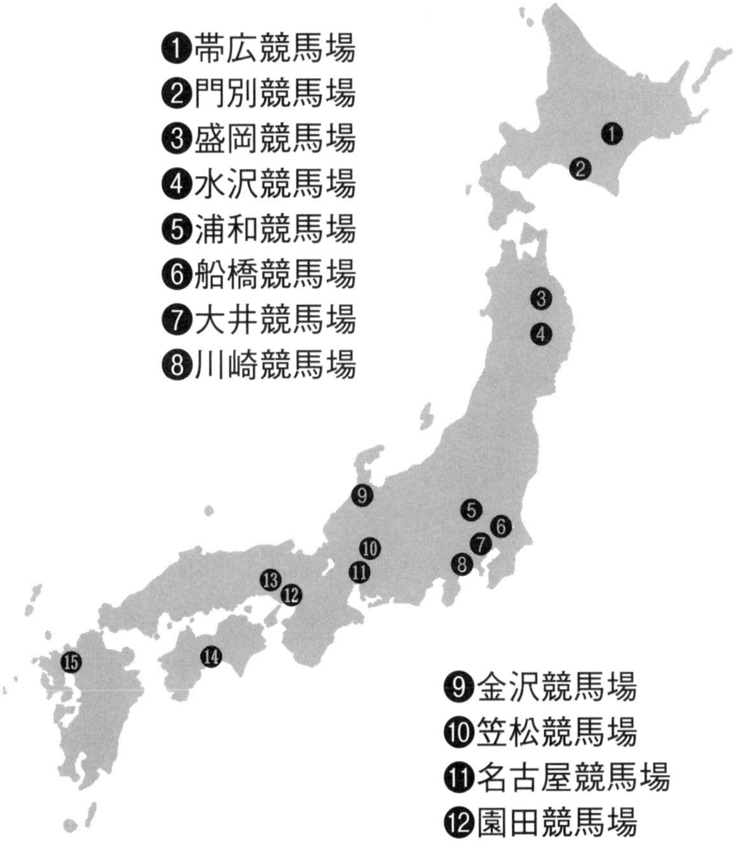

❶帯広競馬場
❷門別競馬場
❸盛岡競馬場
❹水沢競馬場
❺浦和競馬場
❻船橋競馬場
❼大井競馬場
❽川崎競馬場

❾金沢競馬場
❿笠松競馬場
⓫名古屋競馬場
⓬園田競馬場
⓭姫路競馬場
⓮高知競馬場
⓯佐賀競馬場

ラスが上がらない中央競馬と違って、結構頻繁に新たなクラス編成がなされます。

「競馬をギャンブルからレジャーに変えた」と言われる大井のハイセイコーや、“芦毛の怪物”笠松のオグリキャップなど、地方競馬出身の馬たちが、中央競馬のエリートたちを、バッタバッタとなぎ倒していく姿に、日本中が湧いたこともありました。

また、113戦0勝。走っても、走っても、勝てない、高知のハルウララも、社会現象にまでなりましたよね。

ナイター開催時には、イルミネーション演出がきれいな大井競馬場。日本で唯一、右回りのパドックがある佐賀競馬場。パドックが内馬場にある笠松競馬場など、色々な意味で個性的な地方競馬。

その地方ならではの、競馬場グルメに舌鼓を打ちながら、レースを楽しむのも、地方競馬の醍醐味と言えるでしょう。

競馬場のある土地を訪ねたなら、ぜひ、そこの競馬場に足を運んでみて下さい！

ばんえい競馬
（帯広競馬場）

東京シティ競馬（大井競馬場）

これであなたも
競馬通

『トリプル馬単』

南関東４競馬と、ホッカイドウの門別競馬では、トリプル馬単という馬券をインターネット投票で発売しています。正式名称は、“三重勝馬番号二連勝単式”。指定された３つのレースの馬単を、すべて的中させるものですが、50円から購入出来るのがミソ。最大３億円の払い戻しとなります。

買い目はＪＲＡのＷＩＮ５同様、選んだ組み合わせの掛け算。50円ずつ買うのなら、掛け算の合計に0.5を掛ければ、購入金額が出てきます。

馬単は２頭の組み合わせでも、表と裏で２通り。３レースでも、点数はあっという間に増えてしまいます。そこで50円からとは、考えましたよね！

馬術

ひと口に馬術と言っても、様々な競技がありますが、中でもよく知られるのが、**馬場馬術**と**障害飛越競技**。

馬場馬術は、20 m× 60 mの長方形の馬場の中で、人馬が演技をするもの。もちろん、乗り手が馬に指示を出しているのですが、あたかも馬が自ら進んで、その動作を行っているように見せるもので、まさに人馬一体の美しさが求められます。

氷上ではありませんが、“馬に跨がってのフィギュアスケート”と表現されることもあり、決められた演技を忠実に行う規定演技だけでなく、音楽に合わせて、オリジナルの演目を披露する自由演技（フリースタイル）もあります。

障害飛越競技は、その名の通り、コース上に設置された障害を人馬が飛び越えていくもの。障害落下や、拒止（きょし）（障害の前で馬が止まる）などの反抗で減点となり、ミスなく、速くゴールに入ることが求められます。

障害コースの設定には、コースデザイナーと呼ばれる人が携わり、わざと中途半端な位置に障害を置いたりもします。乗り手は、例えば、障害間を６完歩で飛ばせるのか、５完歩で飛ばせるのかを決断しなければなりません。

選手は、競技直前の“下見”と呼ばれる時間に、障害と障害の間を歩数で歩測しておくんですね。馬の1完歩は、大きさによっても違いますが、大体3m50～60cm。選手は90cmの歩幅で歩く。つまり、人の4歩で、馬の1完歩。

障害を少し斜めに向けるだけで、弧を描くのか、直線で向かうのか。回るなら6完歩、真っ直ぐなら5完歩。ただ、自分の馬のスピードや跳ぶ力も考えなければいけません。

競技が始まって、馬は初めて障害と相対します。そんな馬の踏み切りやすいところに、上手く誘導してあげるのが選手の役目。人はただ掴まってるだけじゃないんですョ(笑)。

その2つの競技に、自然を活かしたコースに設けられた、難易度の高い障害に挑むクロスカントリーを加えたのが、**総**

合馬術です。馬場馬術、クロスカントリー、障害飛越競技の順に、同じ人馬が、３日間で３種目をこなすのですが、３日目の競技前にはホースインスペクションという馬体調査が行われ、これをパスした馬だけが、３日目の競技に進めるという。あくまで“馬優先主義”。馬の体調管理も、競技の中の重要なポイントになっているのです。

この３つの競技がオリンピック種目で、パラリンピックは馬場馬術のみ。

考えてみれば、動物と人とが一緒に競技をするオリンピック、パラリンピックの種目は馬術だけ。人と馬との絆を示す、ひとつの証しですよね。

馬術について、興味を持った方は、『公益社団法人 日本馬術連盟』のＨＰ（https://www.equitation-japan.com/）や、『公

益社団法人 全国乗馬倶楽部振興協会』(http://www.jouba.jrao.ne.jp/)を、ぜひご覧下さい!

日本馬術連盟　　　　全国乗馬倶楽部振興協会

これであなたも
競馬通

『パラ馬術競技』

パラ馬術競技とは、国際馬術連盟がルールを定めた、肢体不自由または視覚障がいのある選手向けの、乗馬スポーツのこと。パラリンピックでは、前述のように、馬場馬術競技のみが行われます。

パラ馬術競技は、障がいの程度によって、『グレード1(重い)〜5(軽い)』までのクラスに振り分けられ、競技は男女混合で行われます。

演技終了後、素晴らしい演技を見せてくれた人馬に、心からの拍手を送りたくなりますが、それはパラ馬術競技の観戦においては、控えないといけません。

なぜなら、音に驚いた馬が暴れて、選手を振り落とすなどの危険を伴うから。

その代わり、両手を顔の横のあたりに持っていって、童謡『きらきらぼし』の振り付けのように、両手を振ってあげる。これが拍手と同じ意味になるんですね。

その後、サポートの人が人馬のもとに行き、手綱や口縄を取って、安全が確保されたら、拍手もOK!

シーンと静まり返った静寂の後に、ワーッと会場に鳴り響く拍手の嵐は、感動ものです。

競走馬の引退

リトレーニング

引退した競走馬が、乗用馬になって“第2の馬生”を歩もうとする時、その馬には新たなトレーニングが必要となります。なぜなら、これまで「とにかく速く走れ」と教えられてきたのが、今度は「待て。我慢するんだ」と、真逆なことを求められるから。これをリトレーニングと言います。

パドックで出走各馬を先導する（または後ろにつく）誘導馬も、リトレーニングを受けて、大役を果たしているんです。

一度、頭の中をまっさらにして、乗用馬に必要なあれこれを教え込んでいく。これには、人の熱意と時間を要します。当然、費用も掛かるわけで、それをボクらは“ふるさと納税”でサポートすることが出来ます。

北海道浦河町、岡山県吉備中央町への“ふるさと納税”では、馬のために使ってと、用途を指定して寄付することが出来ます。機会があれば、ぜひ！

馬の療育

引退競走馬が、こんなに人のために役に立つんだということのひとつに、馬の療育“ホースセラピー”があります。

例えば、障がい者乗馬では、両肢に障がいを持つ人が馬に乗ると、その馬の歩くリズムが脳に伝わり、あたかも自分の足で歩いているかのように脳が錯覚。運動機能に刺激を与えてくれるそう。

また、介助者はもちろん付くのですが、出来る限り自分の力で馬に乗ろうと努めるため、筋力がアップすることも。

さらに、自閉症の子どもが大好きな馬とコミュニケーショ

NPO法人ピスカリ提供

ンを取りたくて、馬に働きかける。すると、そのコミュニケーションのベクトルが、今度は人の方に向くようにもなると。

大会に出場するようになると、正装して馬に乗りますよね。気持ちも引き締まり、たくさんの拍手をもらうことで、自分が誇らしくもなり、心の育成に大きく寄与したなどの報告もあります。

他にも、馬糞を堆肥にして、マッシュルームを栽培している岩手県八幡平のジオファーム八幡平では、「老齢馬は、生きているだけでありがたい。食べて排泄してくれるだけで役に立つのですから」と関係者。

改めて、「馬ってすごいなぁ」と思いませんか？

NPO法人ピスカリ提供

おわりに

ボクの実家は、都内の寿司店。経営していた父が、大の競馬好きでした。

週末は決まって、ＴＶの競馬中継でお客さんと盛り上がる。

でも、最後の直線に向いたあたりで「おとうさん…」と声を掛けようものなら、「うるさいっ。今、黙ってろ！」。いまならその気持ちもわからないでもないですが（笑）、当時は幼心に、「競馬なんて、無くなっちゃえばいいのに」と、真剣に思ってました。

そんなボクが競馬を仕事にさせてもらってるんですから、人生はわかりません（笑）。競馬は“ブラッドスポーツ（血の競技）”と言われますが、それって馬だけじゃなく、人においてもそうなんだなぁと、しみじみ思います。

大人になって、共通の話題が減っても、特に晩年の父とは、馬の話で繋がっていられた気がします。競馬には本当に感謝です。

馬は人の縁を繋ぎます。

大井競馬場のマスコミ招待の席で出会った、日本文芸社の松下さんと三浦さんに、「本当の意味での、初心者に向けた、競馬のガイドブックを出したいんです」と、頭の中にあった企画と、熱い思いを伝えたところ、「面白そうですね！　やりましょう」と、まさに二つ返事。おふたりを含め、たくさんの方々にご尽力を賜り、この本の完成に至りました。

本来なら、すべての皆さんのお名前を挙げたいところですが、あまりに多すぎて…。おひとり、おひとりに感謝申し上げます。ありがとうございました。

この本は、ボクが普段の講座でしゃべっていることを、そのまま文章にしたような、いわば“セルフ口述筆記”のようなもの(笑)。 書きながら、講義後すぐに、「競馬新聞って、どこで買えばいいんですか？」と、半ば頬を紅潮させながら言ってきてくれた受講生の皆さんの顔を思い浮かべ、同じように、この本を読んで下さった方が、競馬新聞を片手に、早く競馬場に行きたいと思って下されば、こんなにうれしいことはありません。

この、高尚で、難解で、時に理不尽な推理ゲームである競馬を、どうぞ趣味のひとつに加えてみて下さい。毎週末に楽しみが待ってるなんて、考えてみたら、贅沢なこと！ あなたの人生が、きっと豊潤なものになりますから。

次は競馬場でお会いしましょう！ ボクを見かけたら、お気軽に声を掛けて下さいね。

長谷川雄啓でした。それじゃ、また！

索引

著者紹介〉〉〉〉

JRAビギナーズセミナー講師

長谷川雄啓

Takehiro Hasegawa

東京都出身。早稲田大学商学部卒。
元グリーンチャンネルのキャスター。
卒業後は中央、地方を問わず、競馬場、ウインズ等のイベントに多数出演。
また、競馬ファンを増やすことをライフワークに、初心者のための競馬講座、REXS、ビギナーズセミナー等で講師を務め、「専門用語を使わずに競馬を教えることの出来る“競馬の伝道師”」との高い評価を受ける。
他にも、JRA Official YouTubeチャンネル内の『競馬初心者講座』で、監修とナレーションを担当。
JRAが配布中の『KEIBA Catalog』では“長谷川雄啓が教える競馬新聞の見方”を、長年に渡って掲載。
さらにレースのみならず、馬全般のイベントでMCを務めてきた結果、馬術、伝統馬事芸能、引退競走馬の取り組みなど、馬にかかわる幅広い知識を得る。
その一方で、音楽や映画にも明るく、FM NACK5を中心としたラジオパーソナリティとしてのキャリアは、まもなく30年に。映画は年間150本以上の試写会に足を運んでいる。
交流関係も幅広く、中でも競馬のトップトレーナー、騎手、馬主から興味深い話をたくさん入手。独自のチャンネルからのエピソードは、競馬普及のためになることも多い。
常に新たな発見を求めて、今も精力的に活動を続けている。

協力・スタッフ

写真	JRAフォトサービス 株式会社産業経済新聞社 NPO法人ピスカリ 天野憲仁（日本文芸社）
イラスト	丸口洋平
デザイン・DTP	NOVO
カバーデザイン	田中國裕（トップスタジオ）
新聞協力	株式会社日刊競馬新聞社

自分で“勝ち馬”を探せるようになる

究極の競馬ガイドブック

2020年4月20日 第1刷発行
2022年5月20日 第5刷発行

著　者　長谷川雄啓
発行者　吉田芳史
印刷所　株式会社光邦
製本所　株式会社光邦
発行所　株式会社日本文芸社
〒100-0003　東京都千代田区一ツ橋1-1-1 パレスサイドビル8F
TEL.03-5224-6460［代表］

Printed in Japan 112200405-112220511 Ⓝ 05(100015)
ISBN978-4-537-21786-5
URL　https://www.nihonbungeisha.co.jp/

（編集担当：松下）